JE BENT ZOALS JE DENKT

JE BENT ZOALS JE DENKT

IN VERBINDING MET DE BRON

Michael Pilarczyk

Dit boek is gebaseerd op onze vrije vertalingen van

AS A MAN THINKETH

- James Allen

en

THE SCIENCE OF GETTING RICH

- Wallace D. Wattles

‘HET GELOOF IN JEZELF IS JE GROOTSTE KRACHT.’

- MICHAEL PILARCZYK

INHOUDSOPGAVE

‘DE MENS WORDT GECREËERD EN VERWOEST DOOR NIEMAND ANDERS DAN ZICHZELF.’

- JAMES ALLEN

INLEIDING

De woorden die jij nu leest hoorde ik in mijn gedachten. Mijn vingers tikten op de letters van het toetsenbord en nu staan ze op papier. Zo zijn mijn gedachten via jouw ogen in jouw gedachten terechtgekomen.

Wij bestaan in onze gedachten. Dat is de plek waar ons leven zich afspeelt, in ons hoofd. Indien je er tenminste van uitgaat dat gedachten in je hoofd ronddwalen. Gedachten bewegen zich voort door onze hersenen en hebben daarmee grote invloed op ons persoonlijke besturingssysteem. Onze gedachten maken wie wij zijn.

'Maar je bent toch niet je gedachten?', denk je nu wellicht. Het is een grote filosofische vraag, die gevolgd kan worden door een andere vraag: maar wie of wat ben je dan wel? Mijn overtuiging is dat jij en ik het resultaat zijn van onze gedachten. Daarover gaat dit boek.

Je bent zoals je denkt bevat moderne bewerkingen van twee van mijn favoriete boeken: *As A Man Thinketh* en *The Science of Getting Rich*. De vertalingen heb ik geschreven samen met mijn co-auteur Sjors Sommer.

Ik heb zelf zo veel kennis en wijsheid uit deze twee boeken gehaald, dat ik die graag wil doorgeven. Dat is de reden dat ik inmiddels meerdere oude boeken heb vertaald. Het begon in 2016 met *Think and Grow Rich* van Napoleon Hill. Dit was jaren geleden het eerste boek dat enorme indruk op mij maakte. Ik was begin twintig toen ik voor het eerst las over de denkwijze die daarna mijn leven zou gaan bepalen. *Think and Grow Rich* is de bijbel voor persoonlijke ontwikkeling, zelfinzicht en de wetenschap over gedachtekracht. In navolging daarvan heb je nu een boek in handen met twee andere tijdloze titels, die samen een prachtig drieluik vormen.

The Science of Getting Rich hebben Sjors en ik vorig jaar al vertaald. Alleen *As A Man Thinketh* van James Allen ontbrak nog in de trilogie. Tijdens het vertaalproces merkten we dat wij de tekst van die klassiekers meer en meer wilden schrijven naar het taalgebruik van nu. We hebben ons daarom toegestaan om er vrije vertalingen van te maken, die makkelijker leesbaar en beter te begrijpen zijn.

Je bent zoals je denkt gaat over de kracht van je gedachten en hoe je door middel van die gedachten je dagelijks leven vormgeeft. Wanneer je het proces van gedachten en hun magische werking werkelijk begrijpt en weet toe te passen, zul je in staat zijn om dromen en wensen om te zetten in realiteit. Gedachten zijn zaadjes die je toekomst in zich meedragen en hoe meer aandacht en energie je aan die gedachten besteedt, hoe groter de kans dat die je werkelijkheid gaan creëren.

De kans is groot dat je dit boek niet in één keer uitleest, maar dat je telkens een deel opnieuw wilt lezen om het echt te begrijpen. Om die reden adviseer ik altijd om eerst mijn boek *Master Your Mindset* te lezen, voordat je je verder gaat verdiepen in de klassiekers. Het is geen eenvoudige kost als je het écht wilt begrijpen. Maar, al deze boeken zullen je denkwijze, je kijk op op jezelf en op de wereld en uiteindelijk je leven veranderen.

De inhoud van dit boek gaat over de *mind*, wat we in het Nederlands geest noemen. De woorden *mind* en *geest* worden in dit boek afwisselend gebruikt. Een goede vertaling voor mind vind ik de denkende geest, of de scheppende geest. Het is geen onderdeel van je lichaam, zoals je hersenen. Mind is een instrument van de ziel en de ziel is de schakel tussen het goddelijke en stoffelijke. Mind is het energieveld van creatie. Je kan het zien als je eigen persoonlijke cloud, een oneindig grote virtuele opslagplaats met al je gedachten en ervaringen. Een soort onzichtbare gedachtewolk die om je heen zweeft. Die wolk is geladen met energie en kan op die manier contact maken met het kosmisch bewustzijn, of de Oneindige Intelligentie.

De wet van aantrekking en creatie

Wanneer je je aandacht op iets richt en die gedachte is geladen met een emotie, zul je ontdekken dat die gedachte groeit. Er komt iets tot leven. Je trekt dan soortgelijke gedachten aan die al snel je hoofd vullen. Het maakt niet uit of dat positieve of negatieve gedachten zijn. Hoe je je voelt is het gevolg van waar je het meest aan denkt. Overheersende gedachten zijn bepalend. Dit is ook het gevaarlijke van angst, twijfel en andere negatieve denkbeelden. Het gevoel dat je het allemaal niet meer aankan (burn-out, depressie) is het gevolg van chaotische en veelal negatieve gedachten. Volgens de wet van aantrekking trekt iets namelijk altijd het gelijke aan. Ik noem het de wet van

‘IMAGINATION IS MORE IMPORTANT THAN KNOWLEDGE.’

- ALBERT EINSTEIN

aantrekking en creatie, omdat het niet uitsluitend een kwestie van aantrekken is. Volgens mijn visie zul je zelf een bijdrage moeten leveren door te creëren. Je moet in actie komen. Als jij niet zelf iets doet, zal er niet zomaar iets gebeuren.

De wet van aantrekking en creatie is ontstaan met het ontstaan van alles. Zij is er altijd geweest en zal er altijd zijn. Ze is de basis van het bestaan, van alles wat er is. De gehele ordening van het heelal wordt bepaald door kosmische wetten. De stand van de zon en de maan en alle sterren is met grote precisie jaren vooruit te berekenen. Diezelfde kosmische wetten bepalen ook ons leven. De wet van aantrekking en creatie is het proces van energetische transformatie, het creëren en omzetten van energie in tastbare materie. Een gedachte ís energie. Of je er nu wel of niet in gelooft, jíj bent degene die bepaalt op welke manier de wetten invloed uitoefenen op jouw leven. Hoe? Door je gedachten, die bewegen op bepaalde frequenties, of trillingen. Vanuit je gedachten ontstaat een proces van visualisatie, dat gebeurt zowel bewust als onbewust.

Wanneer je een bepaald beeld voor je kan zien in je gedachten, kan dat beeld zich manifesteren. Iets waar je erg naar verlangt of iets waar je bang voor bent, het maakt niet uit of het een positieve of negatieve gedachte is. Een gedachte leidt tot actie. Actie zet iets in beweging. En die beweging trekt mensen aan en die mensen creëren omstandigheden. Ten slotte zal de gedachte getransformeerd zijn tot werkelijkheid. Er kan dus wel wat tijd overheen gaan voordat iets gestalte krijgt, het is geen goocheltruc.

Wanneer krachtige emoties worden vermengd met gedachten en geloof (je overtuiging), pikt je onderbewustzijn uit zichzelf de benodigde bijbehorende 'frequentie' op: een trilling die je automatisch uitzendt naar de Kosmische Intelligentie. Daarmee begint het mysterie van aantrekking en creatie.

Stem af op de frequentie van de realiteit die je wenst en dat is wat je zal krijgen. Dat klinkt misschien ingewikkeld en abstract, maar het komt hierop neer: stel je heel beeldend voor wat je wilt en voel dat ook. Geloof erin, zie het alsof het al zo is. Bijvoorbeeld een plek waar je wilt wonen, het huis van je dromen, een sportprestatie, een bedrag dat je wilt verdienen, een bedrijf dat je wilt beginnen, een evenement dat je wilt organiseren, een boek dat je wilt schrijven, een reis die je wilt maken, de partner van je dromen en ja, zelfs je mooiste leven. Visualiseer dat beeld zo concreet en levendig mogelijk. Vermeng het met zuivere emotie, voel het verlangen vanuit je hart, niet vanuit hebzucht. Het werkt niet als er geen diep en zuiver verlangen aan ten grondslag ligt. Dan zend je niet het juiste signaal uit.

Een eenvoudige manier om je de wet van aantrekking en creatie voor te stellen is door jezelf te zien als een magneet. Je leeft in een gigantisch magnetisch veld. Hoe sterker en krachtiger je gedachten zijn, hoe gerichter en gemakkelijker je de dingen die je wilt in je leven kan aantrekken. Bij sommige mensen gebeurt dat vanzelf zonder dat ze zich ervan bewust zijn. Ze bereiken alles wat ze willen, ze behalen succes na succes en ze worden vaak beloond met rijkdom. Anderen zijn er heel bewust mee bezig en behalen ook het ene succes na het andere. Ik paste de wet in de eerste jaren van mijn leven onbewust toe. Daarna ben ik het steeds bewuster gaan doen, meestal met succes. Inmiddels is het mijn manier van leven geworden, ik volg de principes die in dit boek en in *Think and Grow Rich* beschreven staan.

Ik kan mij voorstellen dat dit geen makkelijke materie voor je is. Maar sommige dingen kan je gebruiken zonder dat je ze hoeft te begrijpen. Je hoeft niet te weten hoe elektriciteit werkt om het licht aan te doen. Je hoeft geen jarenlange medische studie gevolgd te hebben om je lichaam te kunnen gebruiken. Je hoeft niet te weten hoe de wet van aantrekking en creatie werkt om hem voor je te laten werken. Hij werkt, altijd.

Het principe van manifesteren

'Leven in overvloed' lees ik geregeld in spirituele en psychologische lifestyletijdschriften. De kracht van manifestatie, hoe je verlangens kan verwezenlijken in het echte leven. Het klinkt prachtig, maar wat is het eigenlijk? Manifesteren. En hoe werkt dat dan?

Voordat ik daar verder op in ga, wil ik je eerst vertellen waar het meestal verkeerd gaat. Manifesteren is niet 'iets het universum in sturen' en dan wachten totdat het voor je wordt gerealiseerd. Dat neigt naar dwaasheid. Vaak wordt er ook maar 'iets' het universum ingestuurd, zonder dat 'iets' heel concreet te maken. Dat werkt niet. Je kunt ook niet verwachten dat je bij een online shop 'iets' bestelt en dat je de volgende dag het juiste pakketje thuisbezorgd krijgt. Je moet duidelijk en specifiek zijn in wat je bestelt. En als je iets bestelt zal je daarvoor moeten betalen. Ook bij het universum, of de Kosmische Intelligentie zoals ik het ook noem. Vaak als mensen 'iets uitzenden' naar het universum, stel ik de vraag wat zij daar zelf voor terug willen geven, wat ze ervoor willen doen, wat ze ervoor over hebben in ruil voor wat ze graag willen ontvangen. Dat leidt vrijwel altijd tot vragende blikken. Het zijn veelal mensen die tal van wensen het universum in schieten, maar die er nog nooit over hebben nagedacht wat ze in ruil bereid zijn te geven. Ze denken werkelijk dat de cadeaus uit de lucht komen vallen. Natuurlijk niet. Succes is geen toeval en het valt je ook niet zomaar toe. Je moet er zelf iets voor doen. Ten eerste moet je in actie komen en ten tweede moet je toegevoegde waarde leveren. In elk geval móet je er iets voor teruggeven. Een zeer belangrijke vraag: wat ben jij bereid om terug te geven aan het universum, de wereld en de mensen om te mogen ontvangen waar jij om vraagt? Deze vraag ligt ten grondslag aan de wet. Het is niet alleen maar nemen, je zult bereid moeten zijn te geven. Wees altijd bereid om meer te geven dan je wilt ontvangen. Je moet dus ook open staan om te ontvangen.

Nog even op een rijtje. De wet van aantrekking en creatie begint met heel duidelijk en specifiek vragen. Je moet eerst vragen om te kunnen ontvangen. Die vraag stel je vanuit een rustige en positieve staat van zijn. Je kan hiervoor bijvoorbeeld eerst een meditatiemoment nemen voor jezelf. De vraag moet zuiver en oprecht zijn, vanuit een puur verlangen en niet vanuit hebzucht. En je moet bereid zijn iets van waarde terug te geven. Weet dus ook wat je kan teruggeven, in ruil voor wat je wenst te ontvangen. En wees dankbaar. Dankbaar voor wat je hebt en wat je wilt ontvangen. Leef vanuit dankbaarheid, respect en vertrouwen. Dit zijn de basisprincipes van de wet van aantrekking en creatie.

Over de wet van de aantrekkingskracht zijn in het begin van de 20e eeuw vele boeken geschreven. Krap 100 jaar later, in 2006, werd het onderwerp een wereldwijd fenomeen door de film en het boek *The Secret*. Dat boek doet voorkomen alsof er een eeuwenoud verloren geheim bestond dat op mysterieuze wijze was teruggevonden. Zo'n groot geheim was het nu ook weer niet. Ook was het niet verborgen en ook niet zoekgeraakt. Wallace D. Wattles beschreef dit 'ongrijpbare geheim' al in 1910 – en hij was niet de eerste. Daarna zette Napoleon Hill het principe van de wet in 1937 nogmaals uitvoerig uiteen in *Think and Grow Rich*, de bestseller die wereldwijd door meer dan 100 miljoen mensen is gelezen.

Het *begrijpen* van het principe, doorgronden hoe deze natuurwet van aantrekking en creatie werkt, is een ander verhaal. Als dat eenvoudig was, zou iedereen het helder aan je kunnen uitleggen en dat kan vrijwel niemand. Toch passen veel mensen het principe toe. Vooral mensen die in rijkdom leven maken bewust of onbewust gebruik van deze universele wet. *In hun denken overheerst rijkdom,* niet alleen in geld, maar in de bredere zin van een rijk leven op alle vlakken. Ze zijn niet bezig met gedachten over verlies of tekort. Ze zijn oplossingsgericht en vindingrijk en ze kunnen zich heel duidelijk inbeelden wat ze willen.

Door de eeuwen heen paste een aantal bekende mensen dit principe toe – volgens de overlevering van verhalen en die klinken aannemelijk. Mozart hoorde bijvoorbeeld de muziek in zijn gedachten. Mogelijk hoorde hij muziek die van 'ergens' tot hem kwam. Het waren ingevingen die hij vervolgens naspeelde en op papier zette. Creatieve mensen volgen vaak hun gevoel, maar als je dat doet, wat volg je dan precies? Je intuïtie? En wat is dat dan? Waar komt een idee vandaan, of een gedachte over iets wat nog niet bestond of wat nog niet eerder was bedacht?

Ik geloof dat alle ideeën al bestaan. Het Universum, de Hogere Macht, God, de Kosmische Intelligentie, of hoe jij het zelf wilt noemen, is te allen tijde op zoek naar iemand die kundig en bereid genoeg is het aangereikte idee op een bekwame manier uit te voeren.

Er zijn vele verhalen bekend van componisten, artiesten, schrijvers, uitvinders en wetenschappers die menen dergelijke ingevingen te hebben ontvangen. Ook vandaag de dag wordt de methode toegepast door succesvolle artiesten, atleten en zakenmensen. Zij geloven erin en maken intensief gebruik van de wet van aantrekking en creatie door middel van visualisatie. Jarenlang is deze materie uitvoerig besproken en verspreid door schrijvers als Napoleon Hill, Esther Hicks, Bob Proctor, Louise Hay en Wayne W. Dyer.

Voor mij is het geheim een vrij logische methode om je toekomst zelf vorm te geven door middel van je gedachtekracht. In *As A Man Thinketh* wordt uitgebreid beschreven hoe verlangen je gedachten aanstuurt, en hoe gedachten tot leven komen. Mijn diepste verlangen om bij de radio te gaan werken, werd werkelijkheid. Niet zomaar, ik volgde exact de methode die Wattles beschreef in *The Science of Getting Rich* – nog zonder dat ik me ervan bewust was. Ik deed iets op de 'bepaalde manier' die in dit boek beschreven wordt. De eerste keer kan dat natuurlijk berusten op toeval en geluk. Maar dertig jaar en vele succesmomenten verder durf ik te stellen dat het te maken heeft met een bepaalde manier van denken én doen. Het begint bij je gedachten.

Tijd en geld

Stel je eens voor hoe je meest ideale leven eruitziet. Je mooiste leven, zoals ik dat noem. Wat is er nodig om dat leven ook echt te kunnen gaan leven? Het belangrijkste is dat je een duidelijk beeld hebt van hoe dat leven eruitziet. Dan ontdek je al snel dat er drie zaken nodig zijn om jouw meest ideale bestaan te kunnen creëren: tijd, geld en gezondheid. Wanneer je beperkt of belemmerd wordt door een slechte gezondheid, kan dat grote invloed hebben op hoe je kan omgaan met je tijd en in welke mate je geld kan verdienen. Gezondheid is de basis. Een vitaal lichaam en een gezonde geest zijn van levensbelang. Het is daarom ook zeer belangrijk daar voldoende tijd en aandacht aan te besteden.

Tijd en geld zijn nauw verweven. Geld bepaalt in belangrijke mate hoe jij je tijd besteedt. Ik hoor vaak dat we te weinig tijd hebben. Is dat zo? Wat zou je doen als je wel voldoende tijd zou hebben? 'Als ik meer tijd zou hebben zou ik meer geld kunnen verdienen en meer leuke dingen kunnen doen,' zei iemand tegen me. 'Dat is een illusie,' legde ik uit. 'Er is niet meer tijd.' Ik citeerde de uitspraak van tovenaar Gandalf uit *The Lord of the Rings*: 'Het enige wat je hoeft te doen, is beslissen wat je doet met de tijd die je is gegeven.'

Elke dag maak je keuzes. Je kiest ervoor bepaalde zaken te doen en andere te laten. Dat betekent dat je bewust of onbewust prioriteiten stelt. Waarom doe je soms dingen niet die je wel zou willen of moeten doen en verspil je tijd aan bezigheden die niet bijdragen aan je geluk en aan de kwaliteit van je leven? Het is van onschatbare waarde dat je in harmonie bent met de keuzes die je bewust maakt. Dan kun je de tijd die je is gegeven zinvol besteden.

Heb jij ook het gevoel dat je vaak te weinig tijd hebt? En waar heb je die tijd dan voor nodig? Wat zou je doen met die tijd?

'Geld vind ik niet belangrijk,' hoor en lees ik ook geregeld. 'Ik hoef niet rijk te zijn,' is nog een overtreffende trap. 'Als ik maar gelukkig en gezond ben.'

Stel je eens voor dat je voldoende geld tot je beschikking zou hebben. Zo veel dat je er niet meer voor hoeft te werken. Het mag wel, maar het hoeft niet. En je pinpas doet het altijd.

Zou je dan niet veel meer tijd hebben? Je kan het ermee eens zijn of niet, maar wanneer je niet dertig, veertig of zestig uur per week hoeft te besteden aan je baan of je onderneming, komt die enorme hoeveelheid tijd ineens beschikbaar. Dus als je graag meer tijd wilt, adviseer ik je ervoor te zorgen dat je meer geld tot je beschikking krijgt.

Ons moderne leven wordt voornamelijk bepaald door geld en tijd. Voor de meeste mensen is het noodzakelijk om elke dag te werken voor geld. Daar is niets mis mee. Er is geld nodig om je levensonderhoud en je woonruimte te betalen. Het is wel te hopen dat het werk dat je doet je voldoening geeft, dat je werkt met plezier. Hoe geld je tijd bepaalt heeft ook te maken met je vaste kosten en je uitgavenpatroon. Geef je minder geld uit, dan hoef je ook niet zoveel te verdienen.

Ik weet uit ervaring dat de hoeveelheid geld die je tot je beschikking hebt, bepaalt hoe je je tijd kan indelen. Nadat ik in 2007 mijn mediabedrijf had verkocht, stond er voldoende geld op mijn bankrekening voor een zorgeloze toekomst. Tenminste, als ik zuinig en verstandig met dat kapitaal zou omgaan. In die periode leverde de rente op het bedrag voldoende op om van te kunnen leven. Los hiervan ontving ik ook nog eens maandelijks inkomsten uit een ander bedrijf waar ik eigenaar van was, maar zelf nagenoeg geen tijd aan hoefde te besteden. Ik kon dus leven van passieve inkomstenbronnen. Daardoor was ik in staat om met mijn boot enkele jaren te gaan zeilen.

Maar mijn leven was niet altijd rozengeur en maneschijn. Mindere tijden heb ik ook gekend. Toen ik negenentwintig was verloor ik door hoogmoed en dommigheid meer dan mijn gehele vermogen op de aandelenbeurs. Lange tijd heb ik geleefd met een schuld van een miljoen euro (twee miljoen gulden in 1998). Geld maakt misschien niet gelukkig, maar geldzorgen kunnen je geluksgevoel met zekerheid tot een dieptepunt doen dalen. Tijdens de economische crisis (2008 - 2012) heb ik veel ellendige verhalen gehoord die er niet waren geweest als mensen iets meer spaargeld hadden gehad. Maar de financiële crisis is juist ontstaan doordat mensen veel meer uitgaven dan ze tot hun beschikking hadden. Kopen op krediet, te hoge hypotheken en vooral te grote, consumptieve uitgaven doen met geleend geld.

Maar goed, wie leerde je omgaan met geld? Op school heb ik daarover nooit iets zinnigs gehoord. Er was niemand die mij lesgaf in het verwerven van vermogen en rijkdom. Daarom ben ik op zoek gegaan naar mensen die mij dat konden leren. En ik las boeken die mij die kennis konden geven. Dat is ook de reden dat ik doe wat ik nu doe: ik geef les in wat je op school niet leerde. Vanuit dezelfde motivatie heb ik *As A Man Thinketh*, *The Science of Getting Rich*, *Think and Grow Rich* en *De rijkste man van Babylon* vertaald en bewerkt. Ik denk dat je veel van deze boeken kan opsteken, over hoe je verstandig omgaat met geld en hoe je een manier kan bedenken om een leven in rijkdom te leven.

Ik wil nogmaals benadrukken dat je geen miljonair hoeft te zijn om in rijkdom te kunnen leven. Maar blijf ook niet hangen in de fabel dat geld niet belangrijk is. Een tekort aan geld betekent dat je niet kan doen wat je eigenlijk zou willen. En dat je soms zelfs te weinig geld hebt om te doen wat noodzakelijk is. Hoeveel meer rust en plezier zou een beetje meer geld je opleveren?

Ben je nog jong, dan raad ik aan om voor je veertigste je financiële huishouding op orde te hebben, maar in elk geval voordat je vijftig wordt. Er zijn voldoende mogelijkheden om al op jonge leeftijd enige financiële vrijheid te bereiken. Maar ook als je ouder bent zijn er nog voldoende mogelijkheden om je leven te verrijken. Het gaat erom dat je niet alleen je uren ruilt voor geld, maar dat je verschillende inkomstenbronnen aanboort, waardoor je doorlopende geldstromen creëert (cashflow) en vermogen opbouwt.

Doe je voordeel met boeken als *Think and Grow Rich, Master Your Mindset, De rijkste man van Babylon* en *As A Man Thinketh* en *The Science of Getting Rich*. Laat die boeken je op weg helpen.

Het beste advies dat ik je kan geven: doe zo veel mogelijk wat je leuk vindt, waar je blij van wordt. En wordt daar heel goed in. Doe wat je doet met passie, vanuit je hart. Leef zuiver en oprecht. Laat het nastreven van geluk en rijkdom geen obsessie worden. Eenvoud is de weg naar geluk en rijkdom. En die weg is net zo belangrijk als de bestemming.

Patronen en systemen

Voordat je onze moderne bewerkingen van *As A Man Thinketh* en *The Science of Getting Rich* gaat lezen, wil ik je nog iets vertellen waarom ik denk dat dit boek juist nu van groot belang kan zijn.

Al meer dan dertig jaar verdiep ik mij in universele wijsheden, zoals ik ze noem. Wetten, patronen, filosofieën, denkwijzen, die teruggaan naar de tijden van het oude Babylon, Boeddha, Rumi, de bijbel en de Tao Te Ching. Het viel mij op dat er eind 19e eeuw een stroming ontstond van filosofen, denkers en schrijvers, die gingen publiceren over gedachtekracht en de zogenaamde wet van aantrekking. Veel boeken die ik bestudeerde werden geschreven en gepubliceerd in de periode tussen 1900 en 1940.

In deze periode gebeurde er veel in de wereld, het was een onrustige tijd. Mensen waren onzeker en bang en dit bepaalde de koers van de wereld. Als veel mensen een bepaalde kant op denken, ontstaat er een bepaalde beweging in de samenleving. Dit is de wet van aantrekking en creatie op grote schaal.

Als we toen vergelijken met nu, de periode van 2000 tot heden, zien we ook veel momenten van onrust, onzekerheid en angst. Zowel honderd jaar geleden als de afgelopen twintig jaar hebben we te maken gehad met een zeer ingrijpende economische en financiële crisis. Daarom wil ik je nog iets vertellen over toen en nu, want dit kan nog wel eens heel belangrijk worden voor wat er in de komende jaren zal gaan gebeuren. Ook al zijn we honderd jaar verder in de eeuwigheid, wat de tijd (nog) niet significant heeft veranderd is het denken van de mens. Wat er in de wereld gebeurt, is het resultaat van hoe mensen denken en doen.

Chaos, crisis en depressie

In de jaren twintig van de vorige eeuw beleefde de wereld – en met name de Verenigde Staten – een hoogconjunctuur. De koersen van aandelen en andere effecten stegen tot onrealistische hoogten. De economie verzwakte echter sterk, zonder dat daar veel aandacht voor was. Maar in de zomer van 1929 kwam het kantelpunt. In korte tijd kwamen veel bedrijven in de problemen en gingen failliet, met als resultaat dat een enorm aantal mensen ineens zonder werk en zonder inkomen thuis zat.

De ellende werd pas echt zichtbaar toen op donderdag 24 oktober 1929 de aandelenkoersen op de New York Stock Exchange in een paniekreactie volledig crashten. Door de crisis konden veel leningen niet worden terugbetaald, waardoor banken failliet gingen en een diepe depressie volgde.

Volgens het Verdrag van Versailles moest Duitsland na de Eerste Wereldoorlog (1914-1918) nog jaren herstelbetalingen doen aan vele andere landen. De Verenigde Staten boden financiële steun voor de wederopbouw van Duitsland, maar vanwege de crisis werd die steun stopgezet. Daardoor ontstond in Duitsland een enorme armoede en konden de herstelbetalingen niet langer plaatsvinden, waarna Franse en Belgische legertroepen het Ruhrgebied bezetten. De Duitse regering reageerde furieus en riep de Duitse bevolking in dit gebied op het werk neer te leggen. De staat zegde toe de lonen door te betalen, maar de gevolgen van deze belofte waren rampzalig. De staatskas was leeg en Duitsland was daardoor gedwongen om geld bij te drukken. Hierdoor ontstond hyperinflatie, waarbij de waarde van de Duitse Mark steeds verder daalde. Duitsland bevond zich in een levensgevaarlijke neerwaartse spiraal. In deze periode zag Adolf Hitler zijn kans om het land van de ondergang te redden. Op dit moment van onrust en onvrede werd het plan gesmeed voor de Tweede Wereldoorlog.

Door de Beurskrach in New York gingen vele Amerikaanse banken failliet en nam de werkloosheid explosief toe. In 1933 lag het percentage werklozen in de Verenigde Staten rond de vijfentwintig procent. De industriële productie was gehalveerd en de waarde van geld daalde met ruim dertig procent.

President Roosevelt zette vanaf 1933 een herstelpolitiek op om *The Great Depression* aan te pakken met *The New Deal.* Een politiek-financieel steunprogramma dat was bedoeld om de Amerikaanse economie en de werkgelegenheid weer op gang te krijgen. Na een korte opleving verergerde de depressie verder. Opnieuw werden miljarden dollars bijgedrukt en in de Amerikaanse economie gepompt, maar zonder significant resultaat.

De crisis in de Verenigde Staten en Duitsland verspreidde zich snel over de rest van Europa. De chaos en de ellende werden de aanleiding voor de Tweede Wereldoorlog (1939). Tientallen miljoenen mensen leefden jaren in armoede en onzekerheid. Het werkelijke wereldwijde economische herstel begon pas nadat de oorlog was beëindigd (1945).

Zie je het patroon van toen en nu? Geschiedenis vond ik vroeger niet boeiend, want wat is geweest is voorbij. Nu ik ouder word, ontdek ik dat tijd niet meer is dan een beschrijving van een moment en dat gedrag tijdloos is. Wie het gedrag van het verleden begrijpt en inziet welke onderliggende gedachten voor dat gedrag hebben gezorgd, zal ook weten wat de toekomst kan brengen.

Het financiële stelsel dat in de basis werd gecreëerd in die periode begin vorige eeuw, wankelt al vele jaren. De kredietcrisis van 2008 bracht de enorme problematiek in het financiële systeem aan het licht, maar nu alweer meer dan tien jaar verder lijkt er weinig lering uit die crisis te zijn getrokken. Het wereldwijde financiële stelsel is volgens kenners meer dan failliet. Diezelfde insiders melden al een tijd dat vele banken weer richting de gevarenzone bewegen. Centrale banken laten de geldpersen non-stop draaien en pompen meer en meer geld de economie in, precies zoals bijna honderd jaar geleden. De schulden van de overheden en met name die van de Amerikaanse overheid zijn nooit meer af te lossen. Het stelsel is een ondoorzichtig web waarin landen, overheden, organisaties en bedrijven klem zitten en afhankelijk zijn van elkaar. Alleen een totale reset van alle huidige systemen en patronen in de wereld zou kunnen leiden tot een nieuwe toekomst, maar hoe dat scenario eruit gaat zien, daarover bestaan vele visies.

De Nieuwe Tijd

We leven in een interessante tijd, maar als je terugkijkt is elke tijd interessant. Het decor is door de jaren heen wellicht veranderd, het spel van het menselijke gedrag, het gevolg van het denken, lijkt zichzelf al eeuwen te herhalen. Er bestaan patronen in denkwijze en gedrag dat daaruit volgt. Wanneer je die door de eeuwen heen bestudeert, ontdek je dat die patronen zich blijven herhalen. Volgens die zienswijze is de toekomst voorspellen dan ook niets meer dan het verleden goed begrijpen. In dat verleden was dit ook al duidelijk. Alles wat is en wat ooit zal zijn komt voort uit onze gedachten. Het zijn menselijke gedachten die de werkelijkheid creëren. Het collectief bewustzijn bepaalt de realiteit.

Om al de bovenstaande redenen vermoed ik dat de periode waarin wij ons nu bevinden, bijzonder is. Er vinden grote veranderingen plaats, die grote gevolgen zullen hebben voor het bestaan op deze planeet. Alle patronen en systemen, zoals die de afgelopen eeuwen en vooral de laatste eeuw zijn geconstrueerd, naderen het einde van hun bestaansrecht. Je zou kunnen stellen dat de periode waarin wij leven een fase van overgang is naar andere systemen. Om de overgang te kunnen maken naar die nieuwe periode, zal eerst het oude moeten verdwijnen. Zoals een bos wordt afgebrand om nieuwe vruchtbare grond te laten ontstaan, zal het oude conservatieve denken plaats moeten maken voor een nieuwe denkwijze. En daarvoor zal het bewustzijn van mensen zich moeten verruimen.

Er zijn meerdere niveaus van bewustzijn. Je zou die kunnen vergelijken met een flatgebouw. Als je in de kelder leeft, in het donker, zonder zicht naar buiten, leef je in een laag bewustzijn. Hoe hoger je komt, hoe meer je zult zien. En wanneer je helemaal boven op het dak staat, heb je overzicht over alles. Je kan alles van bovenaf overzien, waardoor je het grote geheel kunt begrijpen. Zo werkt bewustzijn.

Het heeft niets te maken met beter zijn dan een ander, het is geen wedstrijd. Het is een leerproces dat ontstaat door ervaring en inzicht.

Bewustzijn kun je verruimen door oefening, door meditatie. Wanneer je minder gaat oordelen, minder zult leven vanuit je geconditioneerde geest (je beperkende overtuigingen), en meer gaat leven vanuit je zuivere aanwezigheid, is de kans aanwezig dat je vanuit een ander bewustzijnsniveau kunt gaan waarnemen.

Het is tijd. De nieuwe wereld zal ontstaan als voldoende mensen op deze planeet het inzicht krijgen dat daarvoor nodig is. Iedereen draagt de verantwoordelijkheid om een betere wereld te creëren. Dat begint bij jezelf. Bovenal begint het bij mindset. Zie de wereld voor je waarin jij wilt leven. Ontwerp je eigen toekomst. En om met de woorden van Wallace D. Wattles te spreken: 'Het beste wat je kunt doen voor de wereld, is het beste maken van jezelf.'

AS A MAN THINKETH

- James Allen

Interpretatie en bewerking
Michael Pilarczyk en Sjors Sommer

‘IF YOU CAN DREAM IT,
YOU CAN DO IT.’

- WALT DISNEY

HOOFDSTUK 1

JE BENT ZOALS JE DENKT

Als ik je zou vragen hoe je denkwijze is, wat zou je dan zeggen? Vaak hoor ik van mensen dat ze positief denken, maar wat betekent dat? En is dat ook echt zo, of zeg je dat alleen maar?

Je denkwijze regisseert de film van je leven. Het zegt veel over hoe je je voelt en of je gelukkig bent of juist niet. Wat leeft in je hart stuurt in de richting van je dromen, maar kan je ook blokkeren. Sommige mensen zien problemen en worden lamgelegd door angst. Anderen zien kansen en behalen grote successen. Vaak zijn er tussen die mensen weinig verschillen, behalve de manier waarop ze denken.

Het is bijzonder dat we op school niets leerden over de kracht van gedachten, over hoe je denkende geest vormgeeft aan jezelf en de wereld om je heen. Er is geen instrument zo krachtig als de mind. Geen les is zo waardevol als het leren omgaan met wat er zich afspeelt in je hoofd. Je gedachten bepalen hoe je omgaat met het leven en met de mensen om je heen. Ook bepaalt het wat voor kansen je aantrekt, wat je creëert en uiteindelijk wat je wordt.

Je bent zoals je denkt. Je karakter wordt gevormd uit de puzzelstukjes van al je gedachten. Geen open deur, wel een belangrijke bewustwording.

Gedachten zijn zaadjes. Zoals een plant opbloeit uit zaadjes, zo bloeien levensomstandigheden op uit je gedachten. Want zoals je denkt, zo handel je ook. Het geldt voor de dingen die je spontaan en zomaar doet, misschien wel onbewust. Maar het geldt ook voor de handelingen waar je heel goed over hebt nagedacht.

Acties komen voort uit je gedachten. Ze hebben fijne, of minder fijne gevolgen op jezelf en je omgeving. Sommige gedachten brengen je geluk en voorspoed. Andere leiden tot ellende. Het begint bij de gedachte. Als mens pluk je de zoete en bittere vruchten van je eigen denkwijze.

Besef dat jouw gedachten je hebben gemaakt tot wie je bent. Negatieve gedachten in je denkende geest zijn je tot last geworden, zoals het juk op de rug van een os. Mogelijk zeul je al jaren zware gedachten met je mee. Positieve gedachten hebben je vreugde en geluk gebracht. Het geluk van die gedachten is je blijven achtervolgen als je eigen schaduw.

Je bent niet zomaar geworden wie je nu bent. In de natuur hebben bepaalde oorzaken altijd bepaalde gevolgen. Het een leidt tot het ander. Denk aan je eetpatroon en je leefstijl. Gezonde voeding en krachttraining maken je sterk, net zo zeker als stilzitten en ongezonde voeding je verzwakken.

Begrijp dat deze wet ook opgaat in de onzichtbare wereld van gedachten. Ook hier hebben bepaalde oorzaken bepaalde gevolgen. Een evenwichtig en sterk karakter komt je niet aanwaaien. Het overkomt je niet zomaar. Het is het resultaat van geduldig oefenen in liefdevol denken: de vrucht van leven met goede gedachten. Maar weet dat hetzelfde proces ook andersom werkt. Het is de wet van de omgekeerde evenredigheid. Een storend karakter ontstaat niet zomaar, maar komt voort uit boze en negatieve gedachten.

Je hebt het zelf in de hand. Je wordt gecreëerd en verwoest door niemand anders dan jezelf. In het vuur van gedachten smeed je de wapens waarmee jij jezelf vernietigt. Maar je creëert er ook werktuigen om prachtige paleizen mee te bouwen van vreugde, kracht en vrede. De geest is een schitterend instrument. We kunnen er symfonieën mee creëren wanneer de dirigent bekwaam genoeg is om de harmonie in het orkest te bewaren. Maar de geest kan ook een afschuwelijk wapen zijn waarmee landen en mensen worden verwoest. Tussen deze twee uitersten bevinden zich alle karaktereigenschappen. En wij zijn daar maker van en meester over.

We leven in een tijd waarin het ontwakend bewustzijn toeneemt. In de afgelopen eeuwen zijn er veel inzichten over de ziel opgedaan. Geen daarvan is zo bevrijdend als het besef dat de mens meester is van zijn eigen gedachten en de maker van zijn leefwereld.

Je denkwijze vormt de sleutel tot elke situatie. En alleen jij hebt die sleutel in handen. Vanbinnen bezit je de transformerende en verfrissende eigenschap om jezelf te maken tot wie je wilt zijn.

Zelfs als je zwak, eenzaam en verlaten bent, heb je zelf de leiding over je leven. In je meest hopelijke toestand ben je de dwaze bewindvoerder van een teloorgaand huishouden. Je leven is dan een puinhoop, je gedachten gaan met je aan de haal. Je wijst naar van alles in de buitenwereld en geeft dat de schuld. Maar wanneer je reflecteert op je eigen situatie en zorgvuldig onderzoek doet naar de onderliggende wet van je bestaan, krijg je een nieuw inzicht. Je beseft dat je levenskwaliteit niet wordt bepaald door wat er op je pad komt, maar door hoe je ermee omgaat. Dat je innerlijke gedachtewereld intiem verbonden is met je uiterlijke leefomgeving. Mindset is alles. Je denkwijze is allesbepalend. Gebruik het inzicht en je energie wijs en leidt je gedachtestromen naar vruchtbare gronden. Als je de wet van gedachten binnen in jezelf ontdekt, word je rustiger en krachtiger. Als je ontdekt hoe de zaadjes van gedachten zorgen voor fijne of minder fijne dingen, zul je inzien dat je dit zelf in de hand hebt. De ontdekking is een kwestie van zelfstudie en ervaring. Je moet het toepassen in je eigen leven om het te zien en ontdekken.

Goud en diamanten worden enkel gevonden door te zoeken en te graven. Je kan alle waarheden over jezelf vinden als je bereid bent om diep te graven in de mijn van je eigen ziel. Als je dat doet zal je ontdekken dat je de maker bent van je eigen karakter en de vormgever van je eigen leven. De schepper van je eigen lot. Ik daag je uit dit voor jezelf te bewijzen. Bestudeer, beheers en verander je gedachten. Onderzoek de gevolgen die dat heeft op jezelf, op de mensen om je heen en op je leefomgeving. Onderzoek geduldig hoe oorzaak en gevolg een-op-een met elkaar verbonden zijn en hoe alles wat je ervaart voortkomt vanuit je gedachtewereld. Bekijk alles wat je meemaakt in dit licht, zelfs de kleinste en meest alledaagse ervaringen. Gebruik de ervaring om tot de ontdekking te komen dat jij de kennis bent, de wijsheid en de creatieve kracht.

De toegangspoort tot de tempel van wijsheid kan enkel betreden worden door geduldige oefening, vastberadenheid en onophoudelijke inzet.

‘IK PROBEERDE MIJZELF TE OVERWINNEN IN PLAATS VAN HET LOT. OM MIJN VERLANGENS TE VERANDEREN IN PLAATS VAN DE WERELD OM MIJ HEEN.

OM HET GELOOF AAN TE LEREN DAT NIETS GEHEEL BINNEN ONZE MACHT LIGT, BEHALVE ONZE EIGEN GEDACHTEN.’

- RENÉ DESCARTES

HOOFDSTUK 2

HOE GEDACHTEN JE WERELD VORMGEVEN

Zie de mind als een tuin. Hoe je omgaat met de planten in de tuin is aan jou. Je kan ze goed verzorgen maar je kan je taak ook verwaarlozen, waardoor onkruid ongeremd kan woekeren. De tuin zal altijd iets voortbrengen, ongeacht hoe je hem verzorgt. Als je onzin zaait en de planten verwaarloost, zal de tuin een overdaad aan onzin voortbrengen. En omdat soortgelijke zaden voor soortgelijke planten zorgen, zal hij steeds meer gaan woekeren met soortgelijk onkruid.

Een tuinman verzorgt zijn tuin en houdt hem vrij van onkruid. Hij laat bloemen en fruitbomen groeien op de plekken die hij daarvoor het meest geschikt vindt. Op eenzelfde manier kan je omgaan met je eigen mentale tuin en de zaadjes van je gedachten. Verwijder het onkruid van negatieve, zinloze en onzuivere gedachten, van stemmetjes van vroeger die je nog nooit iets goeds hebben gebracht. Verzorg juist de bloemen en gewassen van liefdevolle en zuivere gedachten. Als je dit doet ontdek je vroeger of later dat je de stuurman bent van je eigen leven. Je ontdekt en onthult de universele wet van gedachten in jezelf en ziet steeds beter in hoe je geest (je mind) en je gedachten te werk gaan in het vormgeven van je karakter, je leefomstandigheden en je lot.

Gedachten en karakter zijn één. Een karakter kan zichzelf alleen ontwikkelen en uiten door de omstandigheden van de buitenwereld. Wat je in de wereld aantreft is daarom altijd in harmonie met wat zich in je innerlijke leefwereld afspeelt. Dit betekent overigens niet dat je een conclusie kan trekken over je gehele karakter op basis van je huidige omstandigheden. Wel is het zo dat omstandigheden in de buitenwereld heel nauw verbonden zijn met elementen uit je innerlijke leefwereld. En dat de uitdagende omstandigheden die je er op het moment aantreft ingrediënten zijn voor jouw verdere groei.

Je bent waar je bent vanwege jouw eigen bestaansregels. Je hebt je karakter vormgegeven aan de hand van gedachten en dat karakter heeft je hier gebracht. Het is geen toeval. Alles is het resultaat van een universele wet. De wet geldt voor mensen die gevoelsmatig in harmonie zijn met hun omgeving, maar geldt ook voor mensen die het gevoel hebben dat niet te zijn.

Mensen groeien en ontwikkelen zich op basis van ervaring. Je bent waar je bent zodat je kan leren wat je moet leren om te groeien. En terwijl je de spirituele lessen leert uit de omstandigheden, verdwijnen de omstandigheden en maken ze plaats voor nieuwe uitdagingen.

Als je gelooft dat je omgeving bepaalt wie je bent zullen bepaalde omstandigheden je weten te vinden. Als je ervan overtuigd bent dat je altijd pech hebt zal dat ook zo zijn. En als je denkt dat je slachtoffer bent, word je nooit een overwinnaar. Wanneer je echter beseft dat jij de creatieve kracht bent – de ontwerper van de verborgen tuin, de zaaier van omstandigheden – dan neem je het roer over en word je meester van je eigen creatie.

Alle omstandigheden ontstaan uit gedachten. Iemand die zich bezighoudt met zelfonderzoek of zelfontwikkeling weet dat het zo werkt. Zie dat een verandering in de uiterlijke leefwereld in exacte verhouding staat tot de aanpassing die je maakt in je denkende geest. Als je grondig en oprecht op zoek gaat naar oplossingen voor gebreken in je karakter en ook bereid bent om daaraan te werken, dan doorleef je in snel tempo een opeenvolging van gunstige veranderingen in je leefwereld. Je groeit en trekt nieuwe kansen aan en de omgeving beweegt met je mee.

De ziel trekt aan wat ze in stilte huisvest. Dat wat ze liefheeft, maar ook wat ze vreest. Het komt zoals het in je binnenste aanwezig is: het bereikt de hoogte van je mooiste dromen en het bereikt het dieptepunt van je laagste gedachten. Omstandigheden voorzien de ziel van wat haar toekomt.

Een zaadje van gedachten dat in de geest mag vallen en wortelen, produceert het soortgelijke. Vroeg of laat bloesemt het op in bijpassende handelingen en geeft het vruchten voor soortgelijke kansen en omstandigheden. Liefdevolle gedachten dragen goede vruchten. Slechte vruchten komen voort uit negatieve gedachten.

Wat je ziet wordt gevormd naar de innerlijke wereld van je gedachten. Aangename en onaangename condities die je daar aantreft zijn factoren die je uiteindelijk goed zullen doen en die je op de lange baan verder zullen brengen. Je plukt de vruchten uit je eigen tuin en leert je lessen van zowel de zoete als de bittere vruchten, van successen en tegenslagen.

Gedachten volgen de weg van je diepste verlangen. De gedachte waarmee je jezelf inlaat stuurt je achter je lusten aan, of wijst je juist naar succes. Uiteindelijk komt het tot bloei in je leven. De vruchten springen op en worden zichtbaar in je omgeving. De wetten van groei en aanpassing gelden altijd en overal.

Niemand belandt zomaar in de gevangenis. Dat gebeurt door het pad te volgen van kwade gedachten en onstuimige begeerten. Met positieve gedachten word je niet van de ene op de andere dag een misdadiger, door een kracht van buitenaf. De criminele gedachte spookte al tijden door het hoofd van de misdadiger. Zodra de kans daar was, kwam de gebundelde kracht aan het licht. Omstandigheden maken niet de man, maar laten hem zien wie en wat hij is. Er is niets wat hem aanzet tot kwaad, behalve zijn eigen kwade gedachten. Er zijn geen condities die hem voorspoed brengen, behalve zijn geduldige oefening in liefdevol denken en dienstbaar leven.

Je bent de baas over je gedachten, de maker van jezelf en de schepper van je omgeving. In de levensreis trekt de ziel omstandigheden aan om zichzelf te onthullen en te ontwikkelen. Het zijn de weerspiegelingen van haar eigen zuiverheid en onzuiverheid, manifestaties van haar eigen kracht, maar ook uitingen van haar eigen zwakten.

Je trekt niet aan wat je verlangt, maar wat je bent. Daarmee bedoel ik, wat je bent op het diepste innerlijke niveau. De werkelijke vibratie die je uitstraalt. Het energieveld waarin je je begeeft, wat ver voorbij gaat aan de façade van uiterlijke schijn. Vage wensen en dromen worden voortdurend tegengewerkt, maar je allerdiepste verlangens en gedachten worden gevoed met hun eigen vruchten, zoet en bitter. Wat diep in je hart zit, groeit. De goddelijke macht die ons lot bepaalt zit in ons binnenste. We zijn het zelf. Je wordt in de boeien geslagen door niemand anders dan jezelf. Gedachte en actie zijn de gevangenbewaarders van het lot. Onstuimige en negatieve gedachtepatronen maken je tot slaaf. Maar gedachten en actie kunnen je ook bevrijden.

Niet wat je wenst of waarvoor je bidt zal je krijgen. Je krijgt wat je eerlijk verdient. Wensen en gebeden worden pas verhoord als ze in harmonie zijn met je gedachten en handelen.

Als je in conflict bent met de omstandigheden verklaar je voortdurend oorlog aan de buitenwereld, terwijl je de oorzaak in je hart in stand houdt en voedt. Die oorzaak kan zich uiten als een bewuste kwaadaardigheid, of een onbewuste zwakte. Ongeacht de vorm vertraagt het je werk en schreeuwt het om een oplossing.

Veel mensen staan te springen om hun leefomstandigheden te verbeteren, maar zijn niet bereid om zichzelf te veranderen. Daardoor blijven ze vastzitten. Iemand die bereid is grote offers te brengen, kan niet falen om zijn allerdiepste hartsverlangen waar te maken. Zelfs iemand die enkel uit is op geld, moet behoorlijke persoonlijke offers brengen voordat hij succesvol kan zijn. Hoeveel meer zal dit gelden voor degene die een krachtig en evenwichtig leven verlangt?

Er was eens een arme man. Hij was erop gebrand zijn omgeving en huishouden te verbeteren. Hij vond dat zijn baas hem te weinig loon betaalde en verwaarloosde daarom zijn werk. De man begreep de eenvoudige grondbeginselen van de weg tot echte welvaart niet. Hij was niet in staat om zijn armoede te overstijgen en trok juist meer armoede aan, door zichzelf in te laten met lusteloze gedachten en door daarnaar te handelen.

Er was eens een rijke man. Hij leed onder een bepaalde ziekte die te maken had met zijn slechte eetgewoonten en overgewicht. Hij was bereid om veel te betalen voor een geneesmiddel, maar wilde zijn vraatzuchtige verlangens niet opofferen. Hij at ongezond, maar hij verlangde wél naar een gezond lichaam. Deze man was geheel onbekwaam om gezond te zijn, omdat hij de eerste principes van een gezond leven nog niet had geleerd.

Er was eens een werkgever. Hij betaalde zijn werknemers minder dan het minimumloon en hoopte op die manier meer winst te maken. De man was geheel onbekwaam om welvaart te kennen. Toen hij failliet ging schoof hij het af op omstandigheden en de werknemers, niet wetende dat hij zelf de maker was van zijn eigen lot.

Drie voorbeelden van mensen die (onbewust) hun eigen omstandigheden creëerden. Ondanks het feit dat ze bepaalde goede doelen najoegen waren ze niet succesvol, omdat ze zichzelf inlieten met gedachten en verlangens die niet in harmonie waren met hun doel.

Als je jezelf erop toelegt, kan je het werk van de wet van gedachten ook terugzien in je eigen geest en je eigen leven. Besef dat je handen zich gevuld hebben met de resultaten van je eigen denkwijze. Het zijn de vruchten van wat je zelf hebt gezaaid in je gedachtewereld. De omstandigheden waarin je op dit moment verkeert heb je grotendeels aan jezelf te danken.

Omstandigheden en gedachten zijn ingewikkeld en geluks-condities zijn voor iedereen anders. Je kan niet iets zeggen over iemands zielstoestand op basis van de leefomstandigheden die jij waarneemt. Iemand kan op bepaalde vlakken eerlijk zijn, maar toch gebreken kennen. Iemand kan op bepaalde manieren oneerlijk zijn, maar toch heel rijk worden. Daar een conclusie aan verbinden kan een oppervlakkig oordeel zijn. Het veronderstelt dat de oneerlijke persoon in alles slecht is en de ander in alles goed. Als je beter naar de situatie kijkt, zul je merken dat de werkelijkheid niet zo zwart-wit is. De oneerlijke persoon heeft positieve eigenschappen die de ander niet heeft. De slechte eigenschappen van de eerlijke persoon zijn misschien afwezig in de ander. Een eerlijk mens plukt de vruchten uit zijn eigen boomgaard. Het zijn de zoete vruchten van zijn eerlijke gedachten en acties, maar ook de bittere vruchten van zijn slechte gewoonten. Dat geldt ook voor de oneerlijke persoon: ook hij plukt de vruchten van geluk en lijden uit zijn eigen tuin.

Het is ijdel om te denken dat je lijdt vanwege een goede eigenschap. Besef dat alles in je leven het gevolg is van je eigen denkwijze. Als je jezelf erop toelegt zal je een universele wet vinden in jezelf, in je leven en in je denkende geest. Het is een wet van absolute rechtvaardigheid. Negatieve gedachten leiden nooit tot positief resultaat en omgekeerd. Als je dat inziet, kan je terugkijken op de onwetendheid uit je verleden en zie je dat goede en slechte ervaringen de resultaten waren van je eigen denken en doen.

Positieve gedachten en acties kunnen niet voor slechte resultaten zorgen. Negatieve gedachten en acties leiden nooit tot goed resultaat. Appelbomen kunnen niets anders dan appels voorbrengen. Distels brengen distels voort. In de natuur begrijpen we die wet en werken we ermee samen. Maar weinig mensen begrijpen dat de wet exact hetzelfde werkt in de mentale en morele wereld. En omdat ze de wet niet begrijpen, gebruiken ze die niet in hun voordeel.

Lijden is het gevolg van een verkeerde gedachte in een bepaalde richting. Het is een teken dat iemand niet in harmonie is met zichzelf en met de wetten van zijn bestaan. Het doel van alle uitdagingen is om jezelf te ontwikkelen en te bevrijden van onzinnigheden en onzuiverheden. Als je gedachten gezuiverd zijn, zul je inzien dat het lijden ontstaat als gevolg van je gedachten.

Weet dat elk probleem je iets probeert te leren. De boeddhisten zien elk probleem als een leermeester. Het probleem komt op je pad om je iets duidelijk te maken. Als je het probleem weet op te lossen draagt dat bij aan je persoonlijke groei. Zie het als een uitdaging, als een vraagstuk dat je moet oplossen, om nieuwe kansen te krijgen op je levenspad.

De problemen die je treft in zware tijden zijn vaak het resultaat van onrust in je hoofd. Wat op je pad komt in tijden van voorspoed is het resultaat van harmonie in je denkende geest. Niet bezit, maar geluk is de maatstaf van goede gedachten. Niet armoede, maar ellende is de maatstaf van bekrompen gedachten. Iemand kan vervloekt zijn en rijk, of gezegend en arm. Geluk en rijkdom komen pas samen als de rijkdom goed en wijs wordt ingezet. De arme man daalt pas af tot bittere ellende als hij zijn eigen lot als onverdiend en oneerlijk gaat beschouwen.

Gebrek en overmaat zijn extreme vormen van ellende. Beide komen voort uit mentale onrust. En beide zijn onnatuurlijk. Je kan niet goed in je vel zitten zonder balans. Geluk, gezondheid en welvaart zijn het resultaat van een harmonieuze schikking van het innerlijke met het uiterlijke, van je gedachten met de buitenwereld.

Een man wordt pas een man als hij stopt met zeuren. Als je stopt met kritiek te leveren en begint met de zoektocht naar de universele wet die je leven bepaalt, zal je niet langer anderen de schuld geven van je leefomstandigheden. Je oefent en versterkt jezelf met krachtige en positieve gedachten en stopt tegen de omstandigheden aan te schoppen. In plaats daarvan gebruik je de omstandigheden om te groeien en om de verborgen kracht en potentie in jezelf te onthullen en ontwikkelen.

Er zijn wetten die het leven bepalen. Het universum is niet willekeurig. Gerechtigheid is de ziel van het leven. De creatieve en bewegende kracht is rechtvaardig in haar spirituele rangschikking van de wereld. Om te ontdekken dat het universum rechtvaardig is, hoef je niets anders te doen dan jezelf eerlijk op te stellen. Terwijl je dit doet en je gedachten richting dingen en mensen veranderen, zullen andere dingen en mensen jou ook anders gaan benaderen.

Het bewijs voor deze waarheid zit in jezelf. Het is daarom voor iedereen mogelijk om het zelf te onderzoeken. Kijk naar binnen. Stel je voor dat je je gedachten radicaal verandert. Je zal versteld staan van de snelle transformatie in je materiële leefwereld. Je denkt gedachten geheim te kunnen houden, maar dat kan je niet. Wat je denkt komt tot uiting in je acties. Het worden gewoonten en gewoonten vormen je omstandigheden.

Roekeloze gedachten zorgen voor gewoonten als dronkenschap en lust. Die vormen omstandigheden van behoeftigheid, gebrek en ziekte. Negatieve gedachten veroorzaken negatieve gewoonten. Het leven is oneerlijk en je komt tekort. Een idee dat uiteindelijk zal doorwerken in je handelen. Achterdocht en jaloezie stralen van je af, je begeeft je dan op een lage levensfrequentie. En terwijl je negatief denkt én doet ontstaan er steeds meer ongunstige omstandigheden in je leven.

Gedachten van angst, twijfel en besluiteloosheid leiden tot gewoonten van lafheid en twijfel. Die gewoonten zorgen er op hun beurt voor dat je faalt en afhankelijk wordt van anderen.

Mentale luiheid zorgt voor gewoonten van oneerlijkheid en onreinheid en die vormen omstandigheden van rommel en armoede. Gedachten van haat leiden ertoe dat je anderen gaat beschuldigen of zelfs gewelddadig wordt. Dit leidt tot pijn en vervolging. Egoïstische gedachten veroorzaken egoïstische gewoonten en die brengen ellende.

Het werkt ook andersom. Liefdevolle gedachten bloeien op als gewoonten van genade en vriendelijkheid en die zorgen op hun beurt voor prettige en gunstige omstandigheden. Je begeeft je op een hoge frequentie en trekt het goede aan, wat je ook uitstraalt.

Zuivere gedachten vormen gewoonten van rust en zelfbeheersing en zorgen voor vredige omstandigheden. Vastberadenheid vormt krachtige gewoonten die leiden tot succes, vrijheid en overvloed. Energieke gedachten zorgen voor gewoonten van reinheid en regelmaat, passie en toewijding. Dit is gunstig voor je lichaam en werkt positief door in je leefomstandigheden.

Zachtaardigheid maakt dat je mensen kan vergeven. Het vormt gewoonten van naastenliefde en die uiten zich in veilige en geborgen omstandigheden. Gedachten van liefde en onzelfzuchtigheid vormen de gewoonte om de ander voorop te stellen. Dit zorgt voor omstandigheden van blijvende welvaart en echte rijkdom.

Het opvolgen van een bepaalde gedachtegang heeft altijd bepaalde gevolgen voor je karakter en je omstandigheden. Die gedachten en de bijkomende gevolgen kunnen goed of slecht zijn. Je kiest niet je omstandigheden, maar wel hoe je ermee omgaat en hoe je denkt. Op die manier creëer je indirect je leefomgeving.

De werkelijkheid van je leven wordt gecreëerd door niemand dan jijzelf. Wat je aandacht geeft komt tot bloei. Het groeiproces wordt gesteund door de natuur, je gedachten worden door de natuur tot leven gewekt. Al snel zullen kansen aantreden om de gedachte tot uiting te brengen. Dit geldt zowel voor positieve als voor negatieve gedachten.

Als je liefdevol in het leven staat zal de wereld je tegemoetkomen met zachtaardigheid en een helpende hand. Stop de mentale onrust en het innerlijke conflict. Stop negatieve en belemmerende gedachten door je aandacht te richten op het positieve, daar vind je de oplossing. Zie hoe kansen zich aandienen om je verder te brengen. Kies voor positieve gedachten, zie het goede. Laat je niet tegenhouden door wat anderen van je vinden of zeggen. De wereld is jouw spiegel. Alle kleurencombinaties die je erin ziet zijn de prachtige reflecties van je levendige en bewegende gedachtestromen.

‘ALS JE ANDERS KIJKT NAAR DE WERELD OM JE HEEN ZAL JE ZIEN DAT DE WERELD VERANDERT.’

- WAYNE W. DYER

HOOFDSTUK 3

WAT GEDACHTEN DOEN MET JE LICHAAM

Het lichaam is beïnvloedbaar en reageert op je gedachten, ongeacht of die doelbewust worden gekozen of onbewust tot uiting komen. Gedachtegangen hebben altijd een effect op je gezondheid. Het maakt daarvoor niet uit of je gedachten positief of negatief zijn.

Als gevolg van negatieve en bekrompen gedachten gehoorzaamt het lichaam in de richting van ziekte en verval. Zieke gedachten kunnen je letterlijk ziek maken. Mensen die leven in angst voor ziekte worden ook vaak ziek. Angstige gedachten zijn even dodelijk als echte kogels en jagen voortdurend duizenden mensen het graf in. Angst maakt dat het lichaam vatbaarder wordt. Onzuivere gedachten tasten het zenuwstelsel aan, zelfs als het onbewuste gedachten betreft.

Andersom leiden liefdevolle en dankbare gedachten tot vitaliteit en kracht. Een gezond lichaam ontstaat in je gedachtewereld. Zuivere en positieve gedachten versterken en sieren het lichaam met kracht en schoonheid.

Zolang je ongezond denkt zal er ook gif door je aderen stromen. Een zuiver hart leidt tot een zuiver leven en een gezond lichaam. Een perverse mindset veroorzaakt een verdorven leven en een ongezond lichaam. Gedachte is de bron van actie, leven en manifestatie. Om sterker en vitaler te worden, hoef je niets anders te doen dan de levensbron te zuiveren.

Een nieuw dieet gaat je niet helpen als je niet bereid bent om ook anders te denken. Wanneer je jouw gedachten zuivert zal je geen interesse meer hebben in ongezonde voeding. Want reine gedachten zorgen voor reine gewoonten.

Als je jouw lichaam zal beschermen, bescherm dan ook je mind. Als je je lichaam wilt verjongen, verschoon dan je gedachtewereld. Maak je denkende geest tot een prachtig kunstwerk.

Bescherm jezelf tegen negatieve gedachtepatronen. Leven met gedachten van kwade wil, jaloezie en achterdocht is als leven in een zelf gemaakte gevangenis. Gedachten van kwaadaardigheid, jaloezie en moedeloosheid verlagen je energieniveau en brengen geen goeds.

Een chagrijnige blik ontstaat niet zomaar, maar komt voort uit negatieve gedachten. Onsierlijke rimpels zijn het resultaat van ontevredenheid, irritatie en overmatige ijdelheid.

Ik ken een vrouw van zesennegentig met een jong gezicht dat straalt van kinderlijke onschuld. Ik ken ook een man van middelbare leeftijd met een getekend en doorleefd gezicht. Het ene is het resultaat van een vriendelijke en hartelijke levensstijl. Het andere is ontstaan uit driften en onvrede.

Je kan geen gezond en aangenaam huishouden hebben als je de ramen nooit opent en de zon en buitenlucht nooit toelaat. Zo ook kan je alleen een stralend en gezond lichaam hebben als je liefdevolle gedachten van vrede en rust laat stromen in je binnenste.

Sommige rimpels ontstaan door sympathie, andere door zuivere gedachten. Maar sommige rimpels worden gekerfd door begeerte en afgunst. Iedereen kan de verschillende soorten rimpels onderscheiden. Voor mensen die rechtvaardig hebben geleefd is de oude dag rustig, vredig en zacht als de ondergaande zon. Kortgeleden zag ik een filosoof op zijn sterfbed. Hij was niet oud, behalve in jaren. Hij stierf even vredig en sierlijk als hij had geleefd.

Geen medicijn is zo krachtig als positieve gedachten. Geen troost is sterker dan een liefdevolle houding. Denk welwillend over alles en iedereen. Wees blijmoedig en opgewekt. Leer geduldig om het goede in alles te zien. Die onzelfzuchtige gedachten zijn de sleutel tot geluk. Je zal rust en vrede vinden wanneer je dagelijks leeft met vreedzame gedachten.

‘DE WIL OM IETS TE DOEN KOMT VANUIT DE OVERTUIGING DAT JE HET KAN.’

- JAMES ALLEN

HOOFDSTUK 4

DOELGERICHT DENKEN

Als gedachten niet gepaard gaan met een doel, waarnaartoe ben je dan onderweg? Veel mensen staan toe dat hun gedachten alle kanten op schieten. Ze dobberen doelloos rond op de oceaan van het leven. Doelloosheid is een tekortkoming. Iemand die zijn schip wil wegkoersen van de klippen moet niet roerloos blijven ronddrijven.

Mensen zonder centraal doel in hun leven vallen ten prooi aan allerlei ongemakken, zorgen, angsten en problemen. In plaats van actie te ondernemen hebben ze medelijden met zichzelf en duiken ze in de slachtofferrol. Daarmee leggen ze de verantwoordelijkheid buiten zichzelf. Het leidt tot mentale zwakte, angst en mislukking.

Neem een waardig en rechtvaardig doel in je hart en ga erop uit om het waar te maken. Richt al je gedachten op dat ene doel. Misschien wil je rustiger worden in je hoofd, of geduldiger zijn met de mensen in je omgeving. Of misschien wil je dertig kilo afvallen of in het buitenland wonen. Wat je doel ook is, houd het goed voor ogen. Maak het tot je hoogste plicht, besteed er al je tijd en aandacht aan. Sta niet toe dat je gedachten afdwalen naar vluchtige wensen, verlangens en fantasieën. Houd je ook niet bezig met de waan van de dag.

Het gaat om zelfdiscipline en focus. Heb geduld. Onderweg naar je doel zul je een aantal keer onderuit gaan, dat zijn leermomenten. De kennis en ervaring die je opdoet vormen het fundament van je uiteindelijke succes.

Ben je nog niet klaar voor een groter doel in je leven, richt dan je aandacht op vandaag, op je huidige werk, zelfs al lijkt het onbelangrijk en word je er niet blij van. Gun jezelf de tijd en train je denkwijze. Op die manier kan je vastberadenheid en doorzettingsvermogen verkrijgen, waardoor je meer kan bereiken.

Mentale kracht wordt vooral ontwikkeld door te oefenen. Als je in dit principe gelooft zal je daar direct mee beginnen. Als je geduldig en hard voor je dromen werkt, zal je nooit stoppen met jezelf te ontwikkelen. Uiteindelijk kan je beschikken over een onbegrensde mentale kracht.

Een zwak iemand kan sterk worden door zorgvuldige en geduldige training. Iemand met negatieve en beperkende gedachten kan zichzelf op eenzelfde manier trainen in sterke gedachten, door zich te oefenen in een liefdevolle denkwijze.

Als je doelgericht gaat denken betreed je een nieuw domein. Je zal tegenslagen voortaan zien als een tijdelijk obstakel op weg naar succes. Je zorgt ervoor dat omstandigheden en condities je dienen, je bent vastbesloten en je gaat ervoor zonder angst. Dit is hoe je succes behaalt.

Beeld jezelf mentaal een weg in naar succes als je het doel hebt bepaald. Maak een stappenplan. Ga recht op je doel af. Houd twijfel en angst buiten de deur. Ze creëren onnodige obstakels op je pad. Gedachten van angst en twijfel hebben nooit tot succes geleid en zullen dat ook nooit doen. Ze leiden altijd tot falen. Doelgerichtheid en vastberadenheid vervagen daar waar twijfel en angst het toneel betreden.

De wil om iets te doen komt vanuit de overtuiging dat je het kan. Twijfel en angst zijn je grootste vijanden. Als je ze aanmoedigt en ze niet verslaat, werk je jezelf tegen met elke stap die je zet.

Als je angst en twijfel wél verslaat, versla je daarmee ook het potentiële falen. Alle gedachten zijn doelgericht. Zelfverzekerd en moedig overstijg je de tegenslagen die op je pad kunnen komen. Je doel is gezaaid in vruchtbare aarde. Maar weet wel dat de vruchten eerst moeten rijpen. Daar is tijd voor nodig.

Een doelgerichte gedachte die niet wordt belemmerd door angst transformeert in creatieve energie. Als je dit principe begrijpt zul je niet meer misleid worden door gedachten van angst en twijfel. Je zal vastbesloten je gedachtestromen sturen naar vruchtbare aarde, om tot bloei te komen en vrucht te dragen voor jezelf en de ander. Dan ben je de bewuste en intelligente meester geworden over je mentale krachten.

**‘ER IS ORDE IN HET UNIVERSUM.
NIETS KOMT PER TOEVAL.’**

- BOB PROCTOR

HOOFDSTUK 5

JE DENKWIJZE BEPAALT JE SUCCES

Alles wat je bereikt en niet bereikt is het gevolg van je eigen gedachten. Als je de balans van je leven opmaakt zal je ontdekken dat je zelf verantwoordelijk bent geweest voor dat resultaat. Je sterke en je zwakke kanten zijn van jou, niet van een ander. Ze komen uit jezelf voort en worden nooit door iemand anders veroorzaakt. En alleen jij kan ze veranderen. Je condities zijn jouw condities, niet die van de buurman. Lijden en geluk ontstaan in je gedachten. Je bent zoals je denkt. En zoals je blijft denken, zo zal je ook altijd zijn.

Is het leven zoals jij dat nu leeft door jou gecreëerd, of is het ontstaan zonder dat jij er invloed op hebt gehad? Sta er eens bij stil. Natuurlijk zijn er situaties en invloeden van buitenaf, daar hebben we allemaal mee te maken. Toch is je leven vandaag grotendeels het resultaat van alle keuzes die je tot op heden hebt gemaakt, of juist niet hebt gemaakt, omdat je niet durfde te kiezen. Elke keuze die je maakt bepaalt de koers van je leven.

De verantwoordelijkheid voor het leven ligt bij jezelf. Als je positieve veranderingen wil zal je dat zelf moeten doen. Iemand die verder is dan jij kan je alleen helpen als jij daarvoor openstaat. En zelfs dan zal je het op eigen kracht moeten doen. Wees bereid om te leren. Ontwikkel de eigenschappen die je waardeert en bewondert in de ander. Alleen jij kan zorgen voor verandering.

Het is in onze tijd normaal geworden om te wijzen naar machthebbers en hun de schuld te geven van alle ellende. We vinden dat politieke leiders onze omstandigheden moeten verbeteren en geven af op elke vorm van beleid. Maar we vergeten naar onszelf te kijken. Met excuses en kritiek proberen we de verantwoordelijkheid buiten onszelf te leggen, niet wetende dat wijzelf de makers zijn van ons eigen lot.

Als je niet bereid bent om je denkwijze te veranderen blijf je hangen in beperkende overtuigingen en het idee dat je wordt benadeeld. Je kan pas succesvol zijn als je boven dit basale niveau kan uitstijgen. Als je niet openstaat om anders te kunnen denken zal je altijd slachtoffer blijven van je eigen gedachten.

Voordat je iets wezenlijks kan bereiken in je leven zal je voorbij moeten gaan aan impulsen en begeerten. Het is niet zo dat je je ego volledig hoeft op te geven, maar een deel ervan zul je waarschijnlijk moeten loslaten. Iemand die zich laat leiden door lust of hebberigheid kan niet helder nadenken. Ook kan hij geen goede plannen maken. Hij kan de potentie in zichzelf niet ontdekken en ontwikkelen. Het meeste van zijn handelen leidt tot niets. Omdat hij niet heeft geprobeerd om zijn gedachten te beheersen, is hij ook niet in staat om grotere verantwoordelijkheden op zich te nemen. Hij is niet geschikt voor onafhankelijk handelen en wordt beperkt door de onrust in zijn hoofd.

Zonder opoffering is er geen vooruitgang. Je succes in de wereld staat gelijk aan de mate waarin je primaire gedachten opoffert en je gedachten richt op de ontwikkeling van je plannen en je groei in vastberadenheid en zelfbestuur. Hoe bewuster je gedachten, hoe rechtvaardiger en krachtiger je wordt, en hoe groter je kans op voorspoed.

Het is niet zo dat oneerlijke mensen worden bevoordeeld door het universum, al kan het soms zo lijken. Het universum ondersteunt mensen die overtuigd zijn van hun denkwijze en zichzelf. Succes is altijd de kroon op inspanning, het sieraad van gedachten. Het is het resultaat van vastbesloten en gerichte gedachten en wordt bepaald door een universele wetmatigheid. Het gaat op *een bepaalde manier* en volgens een bepaalde methode. Het enige verschil is het doel dat wordt bereikt.

Dankzij besluitvaardigheid, zelfdiscipline en positieve gedachten stijg je op tot grote hoogte. Maar met luie, negatieve en corrupte gedachten werk je jezelf tegen. Het kan zijn dat iemand voor korte tijd succesvol is en spirituele inzichten opdoet, om zichzelf vervolgens in te laten met hoogmoedige of corrupte gedachten. Hierdoor verliest hij weer van zichzelf. De overwinning kan alleen worden behouden door waakzaam te zijn. Veel mensen letten niet meer op wanneer het succes is behaald en worden slachtoffer van hun hoogmoed.

Als je weinig wilt bereiken hoef je ook weinig op te offeren. Voor groot succes zal je veel moeten overhebben. Als je grote doelen wilt behalen moet je bereid zijn grote offers te brengen.

‘DROMEN ZIJN DE ZAADJES VAN EEN TOEKOMSTIGE WERKELIJKHEID.’

- JAMES ALLEN

HOOFDSTUK 6

VISIE EN VERBEELDINGSKRACHT

Dromen zijn de redding van de wereld. Alles wat wij zien wordt in stand gehouden door het onzichtbare. Onze hoopvolle dromen voor een betere toekomst houden ons op de been. We mogen onze dromen niet vergeten. Onze ideaalbeelden mogen niet vervagen en vergaan. Op een dag zullen die ideaalbeelden en dromen werkelijkheid zijn.

Kunstenaars, profeten en wijzen zijn de scheppers van de toekomst. De wereld is mooi omdat zij hebben geleefd. Zij zijn een inspiratiebron voor ons allen.

Iemand met een prachtige visie in zijn hart kan die op een dag waarmaken. Columbus zag een andere wereld en wist die te ontdekken. Copernicus koesterde de visie van een veelvoud aan werelden in een groot universum en onthulde dat. Boeddha zag een spirituele wereld van zuivere schoonheid en harmonieuze vrede en wist die ook te betreden.

Koester je visies en je dromen. Koester de muziek die je hart doet opleven en je geest doet opbloeien. Wees zuinig op de zaadjes van je dromen. Daaruit groeien alle aangename condities en kansrijke omstandigheden. Op die manier bouw je aan de wereld van je dromen, mits je trouw blijft aan je visie.

Er is verlangen nodig om iets te bereiken. Niemand heeft ooit een overwinning behaald zonder het te willen of zonder te geloven dat hij het kon. Je visie is de belofte van wat je op een dag zal waarmaken. Je droom is de blauwdruk van wat je uiteindelijk zal laten zien.

Het grootste succes begon als een droom. De boom slaapt in het zaadje, de vogel wacht in het ei. Een engel verblijft in je ziel. Dromen zijn het zaad van een toekomstige werkelijkheid. En passie is de brandstof om je dromen waar te maken.

Misschien heb je op dit moment te maken met vervelende omstandigheden. Als je je een betere situatie inbeeldt en daar je zinnen op zet is dit het begin van de verandering. Als je vanbinnen in beweging komt kan je niet vanbuiten blijven stilstaan.

Er was eens een jonge man. Hij werd gekweld door armoede en ging gebukt onder zwaar werk. Hij maakte lange dagen in een vieze werkplaats. Hij had geen opleiding en was onbekend met rijkdom. Maar hij droomde van een beter leven en vulde zijn gedachten met mooie dingen. Mentaal verbeeldde hij zich een ideaal leven. Hij werd gegrepen door de kracht van zijn visie en het zicht op vrijheid en een leven vol mogelijkheden. Die gedachten zetten hem aan tot actie. Hij gebruikte zijn schaarse tijd en hulpmiddelen om zijn verborgen krachten te vinden en te ontwikkelen. En kort na het ontstaan van deze gedachten kon zijn huidige situatie hem niet weerhouden van zijn groei. De omgeving was niet langer in harmonie met zijn denkende geest en verdween uit zijn leven. Hij liet haar voor altijd achter zich als een oude, afgedragen mantel. Zijn nieuwe zienswijze bracht hem vele groeikansen. Jaren later was hij een volwassen man geworden. Een meester van de denkende geest. Hij sprak en levens veranderden. Mannen en vrouwen namen zijn woorden tot zich en veranderden hun karakter. Hij werd als de zon: het verlichtende centrum waar ontelbaar veel lotsbestemmingen omheen cirkelen. Hij heeft zijn droom waargemaakt. Hij is één geworden met zijn visie.

Je hebt het vermogen om het verlangen van je hart te verwezenlijken. Want je zal altijd aangetrokken worden tot wat je het meest liefhebt. Je handen zullen zich vullen met de exacte resultaten van je eigen denkwijze. Je ontvangt wat je verdient, niet meer, niet minder. Ongeacht wat je huidige situatie is, waar je terecht zult komen wordt bepaald door je gedachten en je visie. Je wordt even klein als de begeerte die jou beheerst, je wordt zo groot als je diepste overtuiging en je mooiste droom.

Naïeve en gemakzuchtige mensen kijken naar het resultaat, maar zien niet wat iemand heeft gedaan om dat resultaat te bereiken. Ze zien alleen de oogst, niet de zaadjes. Ze spreken van geluk, toeval en kans. Ze zien hoe iemand rijk wordt en zeggen: 'Wat heeft díe een geluk!' Ze zien iemand intellectueel groeien en zeggen: 'Wat een bofkont!' Ze zien iemands sterke karakter en invloed en zeggen: 'Het toeval is altijd aan zijn zijde!' Maar wat ze niet zien zijn de beproevingen, de uitdagingen en de tegenslagen – de worstelingen die deze mensen hebben ondergaan. Ze zijn zich niet bewust van de gebrachte offers en van de mateloze inspanningen die zijn geleverd. Ze kennen het geloof niet dat schuilging achter de wil om het 'onoverkomelijke' te overwinnen en om het verlangen van het hart te verwezenlijken. Ze zien alleen de beloning en noemen dat geluk. Ze hebben geen zicht op de zware en lange reis, maar zien alleen de bestemming en zeggen: geluksvogel. Ze begrijpen het proces niet, maar oordelen wel over het resultaat en spreken van toeval.

In alle bezigheden van de mens zijn er inspanning en resultaat. De mate van inspanning is bepalend voor de omvang van het succes. Succes is geen toeval, maar komt voort uit de zaadjes van je gedachten.

Datgene waar je diep vanbinnen naar verlangt is de droom die leeft in je hart. Dat verlangen geeft richting aan je leven.

**‘HET LEVEN VAN JE DROMEN
BEVINDT ZICH IN JE GEDACHTEN.**

**HET IS AAN JOU WAT JE DENKT
EN WAT JE WORDT.’**

- JAMES ALLEN

HOOFDSTUK 7

RUST IN JE HOOFD

Een rustige geest is een sieraad van wijsheid, het resultaat van een geduldige oefening in zelfbeheersing. Een rustige geest is ook een teken van rijke ervaring, een getuige van een bovengemiddelde kennis van de universele wet van gedachten.

Je wordt kalm in de mate waarin je jezelf erkent als een wezen dat groeit met zijn gedachten. Die kennis veronderstelt dat je inziet hoe mensen worden gevormd door hun gedachtewereld. Als je de innerlijke verbondenheid van oorzaak en gevolg steeds helderder inziet, verdwijnt je weerstand. Je bent niet langer boos of verdrietig, je oordeelt minder en maakt je veel minder zorgen. Je bent zelfverzekerd, rustig en beter in balans.

Wanneer je rust vindt in jezelf weet je ook hoe je je kan aanpassen aan anderen. Anderen, op hun beurt, zullen je daarom respecteren. Mensen zullen het gevoel hebben van je te kunnen leren en je te kunnen vertrouwen. Hoe rustiger je wordt, hoe groter je succes en hoe meer je het goede zal aantrekken. Een ondernemer zal zien dat zijn zaken opbloeien naarmate hij meer vertrouwen en rust uitstraalt. Mensen willen altijd zakendoen met iemand die succesvol en betrouwbaar is.

Iemand die sterk en rustig is, is altijd geliefd en geëerd. Als een boom die schaduw brengt in een verhit land, als een rots in de branding. Wie houdt er niet van een rustig hart en een prettig, zachtmoedig en gebalanceerd leven? Het maakt niet uit of de zon schijnt of dat het regent. Altijd zachtaardig en sereen. Die volmaakte karaktereigenschap van rust is de laatste les van de tuinman. Het is de vrucht van de ziel. Even waardevol als wijsheid en kostbaarder dan puur goud. De zoektocht naar geld is nietig in het perspectief van een sereen leven – een leven in de oceaan van de waarheid, onder de golven, buiten het bereik van de hevige stormen, rustig in de oneindige kalmte.

Veel mensen zijn in strijd met zichzelf. Mensen die het aangename vernielen met hun explosieve stemmingen. Mensen die hun karakter uit balans halen en onzuiverheden propageren. Je kan jezelf afvragen of de grote meerderheid van de mensen hun eigen levens en geluk niet vergooit door gebrek aan zelfinzicht. Velen willen meer verdienen en bereiken. Weinigen zijn bereid om het nodige denkwerk te doen. We ontmoeten weinig mensen in het leven die geestelijk in balans zijn: de evenwichtige eigenschap van een volwaardig en compleet karakter.

De mensheid deint op de golven van haar onbeheerste begeerten. Ze gaat gebukt onder verdriet en wordt compleet uit het veld geslagen door angst en twijfel. Alleen mensen die controle hebben over hun gedachten en die hun gedachten hebben gezuiverd, kunnen de stormen van de ziel bedwingen.

Weet dat er onbegrensde mogelijkheden schuilgaan in de werkplaats van je denkende geest. Alles wat je nodig hebt sluimert in je binnenste, in de wereld van je gedachten. Laat je niet van je koers afbrengen, maar houd stevig grip op je visie.

Vergeet je dromen niet. Het leven van je dromen bevindt zich in je gedachten. Het is aan jou wat je denkt en wat je wordt.

ER IS IETS WAT ONS IN LEVEN HOUDT.

IETS WAT ONS LAAT ADEMEN, WAT ONS HART LAAT KLOPPEN.

IETS WAT DE NATUUR LAAT GROEIEN, WAT DE ZON DOET OPKOMEN.

DAT IETS, HET IETS MET VELE NAMEN, DAAROVER GAAT DIT BOEK.

THE SCIENCE OF GETTING RICH

- Wallace D. Wattles

Interpretatie en bewerking
Michael Pilarczyk en Sjors Sommer

HOOFDSTUK 1

LEVEN IN VERBINDING MET DE BRON

Hoe ziet jouw meest ideale leven eruit? Heb je daar wel eens over nagedacht? Wat wil je écht? Waar doe je het uiteindelijk voor? Meer geld, geluk, of persoonlijke groei? Vaker op vakantie? Meer vrije tijd?

De kans is groot dat je lang en geduldig voor je dromen moet werken, bouwen en sparen. Geld speelt daarbij vrijwel zeker een rol. Dat geld niet belangrijk zou zijn is onzin. We leven in een wereld waar geld nodig is om te kunnen leven, groeien, ontwikkelen en delen. Geld is energie. We hebben een bepaalde mate van rijkdom nodig om uiting te kunnen geven aan onze allerdiepste verlangens.

The Science of Getting Rich gaat niet alleen over geld, maar over leven in overvloed. Geld heeft daarmee te maken, maar het gaat verder dan dat. Overvloed betekent dat je een leven leeft waarin er genoeg is, geen tekort. Een leven in luxe of in rijkdom, volgens jouw standaard. Dit betekent dus niet direct dat je hoeft te leven in een paleis met gouden kranen en dat je vele miljoenen aan vermogen dient te bezitten. Dit boek laat je inzien dat jij het leven kunt leven zoals jij wenst, je droomleven.

The Science of Getting Rich legt uit hoe je een rijk leven kunt leven, door een bepaalde wetenschap te begrijpen. Die wetenschap heeft te maken met het begrijpen van je gedachtewereld en enkele universele wetten die gelden in de wereld waarin wij leven. In dit universum bestaat alles uit energie, trillingen en vibraties. Albert Einstein heeft dit in de vorige eeuw uitgebreid onderzocht en beschreven. Het gedachtegoed van Wallace D. Wattles (de auteur van dit boek uit 1910) gaat ook over dankbaarheid, maar het allerbelangrijkste waar *The Science of Getting Rich* over gaat is: leven in verbinding met De Bron.

Wallace D. Wattles noemt De Bron een vormloze substantie, een vormloze intelligentie, de Universele Mind, de oorsprong van al het leven. Het is de onzichtbare kracht die we al duizenden jaren kennen en voelen maar die nog steeds het grootste mysterie van het bestaan is. Het Leven, God, een Hogere Macht, een kosmische kracht. Er is iets wat ons in leven houdt. Iets wat ons laat ademen, wat ons hart laat kloppen. Iets wat de natuur laat groeien, wat de zon doet opkomen. Dat iets, het iets met vele namen, daarover gaat dit deel van het boek.

**‘HET BESTE WAT JE KAN DOEN
VOOR DE WERELD
IS HET BESTE MAKEN
VAN JEZELF.’**

- WALLACE D. WATTLES

HOOFDSTUK 2

JOUW RECHT OP RIJKDOM

Het is je recht om gelukkig te zijn en een plezierig leven te leiden. Hoe je hier invulling aan geeft is aan jezelf. De een wil vooral spiritueel groeien en een ander wil juist financiële overvloed en persoonlijk succes bereiken. Ik wil het allebei. Wat wil jij?

Waar het om gaat is dat je beseft dat jij de architect bent van je bestaan. Je leeft in een deel van de wereld waar je vrijwel alle mogelijkheden en kansen hebt om je mooiste leven te leven. Voor ons is er dus vrijwel geen belemmering om het leven te leiden zoals we dat graag willen.

Om je mooiste leven te kunnen leven heb je een zekere mate van rijkdom nodig. Niemand kan zijn maximale potentieel verwezenlijken zonder ruim voldoende geld tot zijn beschikking te hebben. Om jezelf te ontwikkelen en om te genieten heb je hulpmiddelen nodig. En die kan je alleen verkrijgen door ze te kopen, met geld. Rijk worden is de basis voor alle vooruitgang.

Besef dat de wil om vooruit te gaan en rijk te worden in iedereen zit. Ontwikkeling is het doel van de natuur, groei is de grondwet van het universum. Van nature wil je alles worden wat je kan zijn. Alles wat leeft heeft een natuurlijk recht op de volwaardige groei die het kan krijgen. Het recht op alles wat nodig is voor maximale mentale, spirituele en fysieke groei. Iedereen zou beschikking moeten hebben over alles wat kan bijdragen aan de schoonheid en de rijkdom van het leven.

Succes in het leven is worden wie je écht wilt zijn. Maar om vrij gebruik te kunnen maken van de hulpmiddelen die je daarvoor nodig hebt, heb je geld nodig.

Dit deel van het boek beschrijft de 'wetenschap van het rijk worden', een methode die met wetmatige zekerheid tot rijkdom leidt. Bestudeer het goed. Het is een van de meest essentiële lessen om te leren in het leven. Vreemd eigenlijk, dat we dit niet op school leren.

Op school leer je vooral over cijfers en letters. Je leert feitelijke kennis over algemene ontwikkeling, maar wat leer je over jezelf en je persoonlijke ontwikkeling? Wat leer je over de kracht van gedachten en over de beste versie van jezelf worden? Over de kunst van leven, persoonlijk meesterschap, communicatievaardigheid, succes, gezondheid, inzicht, bewustzijn en het begrijpen van je denkwijze wordt je niet veel bijgebracht.

Veelal stopt onze opvoeding ons in hokjes. We zijn geconditioneerd met bepaalde gedachten. Er wordt van ons verlangd dat je binnen beperkte mogelijkheden een keuze maakt voor de rest van je leven. Waarom stelt niemand je de vraag wat je echt zou willen doen als tijd en geld geen rol zouden spelen? Geen wonder dat veel mensen hier nog nooit werkelijk over hebben nagedacht. Niemand heeft je geleerd zo te denken.

Een vraag die ik vaak hoor is: 'Hoe ontdek ik wat ik leuk vind?' Hoe kun je het niet weten? Of durf je het niet hardop uit te spreken? Uit angst? Omdat je bang bent dat het toch niet kan, dat het niet zal lukken? Bang om teleurgesteld te worden? Bang wat anderen ervan vinden? Durf je daarom niet te dromen van je meest ideale leven? Vroeger, toen je jong was, leefde je vanuit een vrije geest. Je verbeeldingskracht was de brandstof voor een levenslustig bestaan. Maar de tijd neemt veel mensen hun dromen af. Je laat je verbeeldingskracht opdrogen en je creatieve vermogen afsterven. Denk je zo teleurstellingen te voorkomen? Is dat waarom ouders en leraren je niet vragen om te dromen zonder grenzen? Je moet realistisch zijn, zeggen ze. Maar wat is realistisch? Denken binnen hun beperkte gedachtegrenzen? Doe maar gewoon, blijf maar gewoon, word zoals de meeste mensen, ga op in de massa, leef niet vanuit je hart, maar laat je leven bepalen door je omgeving, door de oordelen van anderen, door 'zoals-zij-vinden-dat-het-hoort'. Zorg voor zekerheid zodat je dit leven op aarde zonder al te veel kleerscheuren overleeft, dan kun je later terugkijken op een zinloos bestaan. Waarom durf je niet te leven? Waarom zou je tevreden zijn met een beetje?

Leven in overvloed is iets anders dan tevreden zijn met een beetje. Daarvoor moet je voorbijgaan aan je conditionering. Neem geen genoegen met (te) weinig als je in staat bent meer te benutten en van meer te genieten. Je bent rijk als je geen geldzorgen hebt, als er meer binnenkomt dan je nodig hebt, als je verkrijgt wat je verlangt om je mooiste leven te kunnen leven. De meeste mensen hebben daar behoorlijk wat geld voor nodig.

Besef dat je zonder een bepaalde mate van balans niet volwaardig kan leven. Het gaat om geest, ziel en lichaam. Pas als alle drie tot bloei kunnen komen ervaar je overvloed. Geen is belangrijker of beter dan de andere. Alle drie zijn ze noodzakelijk en voor alle drie geldt dat ze niet geheel benut kunnen worden als je de andere tekortdoet. Het gaat om balans.

Regelmatig zie je dat mensen zichzelf kwijtraken in spiritualiteit en hierdoor niet de balans in hun eigen leven kunnen vinden. Hoewel spirituele ontwikkeling absoluut een plaats mag innemen in het leven, is het niet verstandig om alleen voor je ziel te leven. Of om te leven voor en met je hoofd, zonder je lichaam en je ziel een plaats te geven. Het is ook bekend wat de gevolgen kunnen zijn als je je geest en je ziel ontkent en enkel leeft voor en met je lichaam.

Om in balans te komen én blijven heb je geld nodig. Want je lichaam kan niet vitaal zijn en blijven zonder goede voeding, prettige kleren en een dak boven je hoofd. Ongezonde werkomstandigheden doen je lijf geen goed, rust en ontspanning zijn belangrijk voor fysiek welzijn.

Spirituele ontwikkeling wordt belemmerd door gebrek aan tijd en geld. Het is lastig om je geest te laten opbloeien zonder boeken of de tijd om die te lezen, zonder mogelijkheid om te reizen en te genieten van de natuur, of zonder intellectueel gezelschap. Je hebt geestelijke ontspanning nodig, ruimte en rust in je hoofd.

Om je ziel te doen opbloeien heb je liefde nodig. Er is geen groter geluk dan te kunnen geven aan mensen die je liefhebt. Op die manier komt liefde op haar meest natuurlijke manier tot uiting. Heb je niets te geven, dan kan je je rol als partner, ouder, vriend of collega niet goed vervullen. Maar het uiten van liefde wordt ook op andere manieren belemmerd: door zorgelijke gedachten of een (ervaren) tekort. Liefde lijdt onder geldzorgen.

Zonder overvloed geen balans. Het is belangrijk om te leren denken én doen op een manier die tot overvloed leidt. Met dit boek zet je een belangrijke stap. Je kiest voor een rijker leven, voor jezelf maar ook voor de ander. Een leven waarin je lichaam tot bloei komt, je geest zich ontwikkelt en je ziel zich ontplooit. Bestudeer de wetenschap, laat het je brengen wat het mij en vele anderen ook heeft gebracht. Je kan de wereld geen grotere dienst bewijzen dan het beste te maken van jezelf.

‘EEN MOOIERE WERELD BEGINT BIJ JEZELF.’

- MICHAEL PILARCZYK

HOOFDSTUK 3

DE WETENSCHAP VAN HET RIJK WORDEN

Rijkdom wordt bepaald door universele wetten. Het is een exacte wetenschap, net zoals wiskunde of rekenen. Als je de wetten kent en ze naleeft word je rijk. Of je rijk wordt of niet, hangt af van de manier waarop je iets doet.

Er is een 'bepaalde manier' die tot rijkdom leidt, of je het nu bewust of onbewust doet. Doe je de dingen niet op die bepaalde manier, dan word je niet rijk, hoe hard je je ook inzet.

Gelijke oorzaken hebben altijd gelijke gevolgen. En als je doet wat je altijd deed, krijg je wat je altijd kreeg. Het is een wet van de natuur. Als je leert om dingen op de bepaalde manier te doen die tot rijkdom leidt, dan zal financieel succes gegarandeerd volgen.

Het maakt daarbij weinig uit in wat voor omgeving je woont. Wel is het zo dat de locatie meespeelt, in de Sahara bouw je niet zo snel een succesvol bedrijf op. Maar als je omgeving doorslaggevend zou zijn, zouden alle mensen in bepaalde woonwijken rijk zijn. In de ene stad zou iedereen rijk zijn, in de andere arm. De ene staat zou zwemmen in het geld, de andere niet.

Ook maakt het weinig uit wat voor werk je doet. Natuurlijk zul je het goed doen in een beroep waarbij je jouw talenten kan gebruiken. Nog beter presteer je als je iets doet wat je écht leuk vindt. Maar uiteindelijk zijn beroep en omgeving van ondergeschikt belang. Mensen met allerlei beroepen worden rijk. Ondertussen blijven hun buren met dezelfde banen arm.

Mensen met modale inkomens en rijke mensen leven vaak in eenzelfde omgeving. Soms hebben ze dezelfde beroepen. Als twee mensen met hetzelfde beroep of dezelfde onderneming *nagenoeg* hetzelfde doen, hoe kan het dan dat de ene veel meer geld verdient dan de ander? Ze wonen in hetzelfde gebied en doen hetzelfde werk, maar de een wordt rijk en de ander niet. Wat betekent dat?

Wat je doet is veel minder belangrijk dan *hoe* je het doet. Het gaat om de manier. Er is een bepaalde manier van denken en doen die succes oplevert in verschillende omgevingen en beroepen. Als jouw buurman ongeveer hetzelfde werk doet als jij maar daarmee toch veel meer geld verdient, dan komt dat doordat hij anders denkt en doet.

Je kan je afvragen of deze 'bepaalde manier' van doen niet te ingewikkeld voor je is. Misschien is het een complexe methode die maar weinig mensen kunnen begrijpen en naleven. Je denkt misschien dat rijkdom niets voor jou is. Maar weet dat aanleg en talent geen doorslaggevende factoren zijn voor rijkdom. Veel getalenteerde mensen blijven arm terwijl anderen, met weinig talent, succesvol en rijk worden. Je ziet het als je rijke mensen bestudeert. De meesten van hen zijn niet alleen rijk geworden vanwege hun unieke talent of speciale vaardigheden. Ook zijn ze niet rijk geworden door te sparen, gierige mensen zijn vaak niet de rijkste. Getalenteerde mensen worden rijk, maar oelewappers worden dat ook. Genieën worden rijk, maar mensen met weinig opleiding net zo goed. Aanleg, omgeving en beroep spelen mee, maar ze zijn niet doorslaggevend. Het gaat om je manier van denken én doen.

Er is een bepaalde manier die met wetenschappelijke zekerheid rijkdom oplevert.

Mensen worden rijk omdat ze iets doen op een manier die tot succes leidt. En dat komt heel precies. Om een bepaalde reden doen ze dingen waartoe anderen niet bereid zijn. Ze gaan door waar anderen stoppen. Ze doen alles wat nodig is om hun succes te behalen en zijn bereid (grote) offers te brengen.

Rijkdom is het resultaat van handelen op de bepaalde manier die wordt beschreven in dit boek. Iedereen die op deze manier denkt en handelt kan succesvol worden. Het geldt ook voor jou. Als iemand anders in jouw stad of beroep rijk kan worden, dan kan jij het ook. Als iemand anders in jouw land rijk kan worden, dan is het ook voor jou binnen bereik.

Wat houdt je tegen? Geldgebrek? Mensen vragen me vaak hoe ze een bedrijf kunnen oprichten zonder financiële middelen. Als geld een probleem voor je is, dan heb je waarschijnlijk niet goed nagedacht over je businessplan. Want elk goed idee is te financieren. Dat gaat meestal niet eenvoudig. Soms moet je naar veertig banken of investeerders, voordat je geld krijgt om je idee uit te voeren. Hoe vaak heb jij het geprobeerd? Na hoeveel financiële presentaties heb jij opgegeven, omdat je er niet meer in geloofde? Waarom zou iemand anders in jou geloven, als je het zelf niet eens doet?

Er was een man van vijfenzestig die met pensioen ging, zonder geld. Hij had zijn hele leven een restaurantje gehad en had niet gespaard voor zijn oude dag. Toen hij voor het eerst AOW kreeg besefte hij dat hij twee keuzes had, of eigenlijk maar één. Of zijn resterende dagen rondkomen van een heel klein bedrag, of met een briljant idee komen. De man had zo'n idee. Hij had namelijk een recept om kip te frituren. En hij dacht: 'Als ik met dat recept langs restaurants ga en vijf cent vraag voor elke kip die ze verkopen, dan verdien ik wat bij.' Dit is vindingrijkheid. Wees creatief, dan kan je overal en altijd geld verdienen.

Hoe vaak denk je dat de oude man met zijn witte baard langs restaurants is gegaan met zijn plan? En hoe vaak denk je dat hij nee heeft gehoord? Volgens de vertellingen was het meer dan duizend keer. Duizend keer is hij afgewezen. En toen was er één iemand die besloot het toch te proberen. Dit is het verhaal van Colonel Sanders en het begin van *Kentucky Fried Chicken.*

Colonel Sanders gaf niet op. Een simpel recept. Toen hij vijfentwintig jaar later overleed, had hij een persoonlijk vermogen van twee miljard dollar. Niet slecht voor iemand die op zijn vijfenzestigste begon met ondernemen, zonder startkapitaal.

Geldgebrek, de verkeerde baan, de verkeerde plek. Het zijn te makkelijke excuses. Vrijwel iedereen begint zonder kapitaal. Andrew Carnegie, de man achter United States Steel, begon met een uurloon van 2 cent en gaf later honderden miljoenen weg. Warren Buffet, een van de rijkste mensen op aarde, verdiende zijn eerste dollars met het verkopen van golfballen die hij uit de sloot had gevist. Jeff Bezos bakte hamburgers bij McDonald's, voordat hij in een klein hok begon met zijn online winkeltje Amazon. J.K. Rowling leefde van de bijstand, voordat haar Harry Potter-verhalen honderden miljoenen opleverden. Iedereen die een berg wil beklimmen moet onderaan beginnen. Waarom zou het voor jou anders zijn?

Als je vanaf nu dingen op de bepaalde manier gaat doen die beschreven wordt in dit boek kan een gebrek aan geld of talent je niet weerhouden van overvloed. Je beroep en omgeving vormen geen excuus. Heb je geen (start)kapitaal, dan ga je het krijgen. Zit je in de schulden, dan kom je eruit. Zit je in het verkeerde beroep, dan kan je in het goede terechtkomen. Zit je niet op de goede plek, dan kan je je verplaatsen. Je kan vandaag beginnen. Doe de dingen op de bepaalde manier die tot succes leidt.

‘WEES AANDACHTIG VOOR HET GOEDE, EN HET GOEDE WORDT BETER.’

- ESTHER HICKS

HOOFDSTUK 4

ER IS GENOEG

Niemand in de westerse wereld is arm vanwege een tekort aan kansen. Het is onzin dat anderen het alleenrecht op rijkdom hebben opgeëist en er niets voor jou overblijft. Er is echt genoeg. Er zijn kansen, maar je moet ze wel zien. Ook moet je beschikken over de capaciteiten om ze te kunnen benutten. Hoe ga je dat doen? Wat zijn jouw kwaliteiten, wat kan jij toevoegen waardoor je van toegevoegde waarde bent?

Veel bedrijven en sectoren staan nog in de kinderschoenen. Bedrijven met potentie. Nieuwe industrieën die op een dag werk geven aan miljoenen mensen. Waarom zou je niet je aandacht daarop richten, in plaats van te zeuren dat er geen kansen zijn?

Er zijn nog steeds heel veel kansen, maar je moet ze wel ontdekken. Onderzoek waar de mogelijkheden liggen. Als jij het niet doet, zal iemand anders het zeker doen.

Vaak zien mensen de kansen niet, maar kijk eens hoe de wereld de afgelopen jaren is veranderd. YouTube, Airbnb, Uber, Tesla, PayPal, Netflix, Spotify, Zoom, maar ook iPhone en miljoenen apps. Vijfentwintig jaar geleden was videobellen nog 'iets wat in de toekomst wel zou gaan gebeuren', we konden geloven in dat idee, lang voordat het werkelijkheid werd. Alles begint met een gedachte. Alles wat je om je heen ziet is ooit door iemand bedacht. Het gaat erom dat iemand iets bedenkt, misschien jij wel. En vervolgens moet er iemand zijn die dat idee gaat uitvoeren, want zonder actie ontstaat er nooit resultaat.

Veel mensen stijgen ver boven zichzelf uit als ze dingen op een bepaalde manier beginnen te doen. Daarvoor zul je wel op een bepaalde manier moeten gaan denken en ook vooral gaan geloven in wat mogelijk is. De wet van rijkdom, groei en aanpassing is hetzelfde voor iedereen, wie je bent en hoe je leven nu ook is, dat maakt niet uit. Laat je dus niet weerhouden door de mensen in je omgeving. Iedereen kan de stroom van kansen volgen tot overvloed. Het is voor iedereen mogelijk.

Het gedachtegoed dat beschreven wordt in dit boek stoelt op een zeer oude theorie. Volgens die theorie is alles gemaakt van eenzelfde 'substantie' of bronenergie. Dit is een belangrijk grondbeginsel en het is complexe materie, dus licht ik het graag toe op mijn manier. Het universum komt voort uit maar één bron. Er is maar één scheppende kracht. Eén 'Hogere Macht' die alles maakt. Lees deze zinnen nog eens. Al het zichtbare en onzichtbare is een uiting van hetzelfde 'iets'. Het verschijnt in materiële of immateriële vorm, maar in essentie is het hetzelfde bronmateriaal. De voorraad van die originele, creatieve energie is onuitputtelijk. De toevoer uit De Bron is oneindig. Het universum is van dit materiaal gemaakt, maar het is niet opgeraakt bij de totstandkoming ervan. Het 'spul' kan ook niet opraken, want ze is een creatieve energie. Ze vermeerdert, groeit en creëert. Ze is in alles en iedereen aanwezig en zoekt altijd naar nieuwe, rijkere uitingsvormen.

Dat is de echte natuur van al wat is. De natuur is onuitputtelijk. Niemand is arm vanwege een natuurlijk tekort.

De natuur is een eeuwige voorraadschuur voor rijkdom en overvloed. Ze zal nooit tekortschieten. De creatieve energie bruist van leven en produceert voortdurend nieuwe vormen. Als een bepaald bouwmateriaal op is, wordt er meer gemaakt uit de bronenergie. Wanneer de grond is uitgeput en er niets meer op kan groeien, vernieuwt deze zichzelf, of wordt er meer grond gecreëerd. Als fossiele brandstoffen op zijn of schadelijk blijken, ontdekken we alternatieve energiebronnen.

Er zit een oneindige intelligentie achter dit alles en die reageert op de behoefte van de mens. Het zal ons niet met lege handen achterlaten. Dit geldt voor de hele mensheid. We zijn als mensheid gigantisch rijk. Ben je arm, dan komt dat doordat je niet handelt, of kan handelen, op de manier die je toegang geeft tot de overvloed van het leven.

Alles wat we zien en ervaren komt voor uit een gedachte. De vormloze substantie is doordrongen met de gedachte van groei. Ze leeft en beweegt zich altijd in de richting van meer. Meer leven, meer ontwikkeling. Meer overvloed. De zoektocht naar meer leven is de natuurlijke impuls van het leven zelf. De eigenschap van dit kosmisch bewustzijn is om zijn eigen grenzen te verleggen en zich te vergroten. Het neemt nieuwe vormen aan om zo tot meer volledige, rijkere uitdrukking te komen.

Besef dat overvloed de aard is van de natuur. Haar motief is vooruitgang van het leven. Alles wat het leven kan bevorderen is daarom in overvloed aanwezig. Er is genoeg. Doe zelf een beroep op de onuitputtelijke bronnen, door te handelen en te denken op de bepaalde manier.

'DE WERELD IS JOUW SPIEGEL.'

- JAMES ALLEN

HOOFDSTUK 5

DE KRACHT VAN GEDACHTEN

Een doelgerichte gedachte die niet wordt belemmerd door angst transformeert zich in creatieve energie. Via de vormloze substantie wordt een gedachte aan iets, een visie, werkelijkheid. Alles wat je ziet in de natuur is de uiting van een gedachte. Alles wat je om je heen ziet was ooit een idee. Gedachten zijn de enige kracht die tastbare rijkdom kan creëren uit de bron. Alles is gemaakt van dit zelfdenkende spul. We leven in een wereld van gedachten. Onze wereld is onderdeel van een universum van gedachten.

Stel je eens voor dat het universum zelf ook is ontstaan uit een alom aanwezige gedachte. Het nam gaandeweg de vorm aan van systemen van planeten, van een cirkelend stelsel van hemellichamen die in beweging werden gezet.

Het kan lang duren voordat gedachten vorm krijgen. Mogelijk zijn er eeuwen voor nodig, maar met de gedachte aan de vorm van een langzaam groeiende boom bloeit het zaadje en wordt de boom gevormd. Het is niet zo dat er spontaan een volwassen boom verschijnt. Het begint met het in gang zetten van de krachten die de boom volgens vastomlijnde stappen doen groeien. Er is tijd voor nodig. Een gedachte aan iets in de intelligente substantie produceert in de werkelijkheid het beeld waaraan wordt gedacht.

Wat je aandacht geeft, groeit. Waar je gedachten naar uitgaan, daar maak je meer van. Visualisatie speelt hierin een belangrijke rol. Wanneer je een beeld voor je ziet dat samengaat met een oprecht, diep verlangen, ontstaat een vibratie die wordt uitgezonden naar het universum. Het maakt niet uit wat voor gedachte, positief of negatief. Hoe meer emotie gepaard gaat met de gedachte, hoe krachtiger de vibratie die zal leiden tot manifestatie.

Als je de gedachte aan je droomhuis naar de substantie zou uitzenden, betekent dat niet dat je morgen kan verhuizen naar je nieuwe woning. Wél zorgt het ervoor dat er creatieve energie in werking wordt gezet die aanstuurt op het waarmaken van je verlangen.

Wat we maken met onze handen ontstaat eerst in onze gedachten. Het begint bij een idee. Je kan niet iets vormgeven zonder er eerst aan te hebben gedacht. Veel mensen zijn zich niet bewust van deze mentale kracht. Ze snappen niet dat ze met nieuwe ideeën kunnen komen, maar gebruiken bestaande vormen om iets te maken, met handwerk. Ze hebben geen besef van een groter, scheppend vermogen. Dat vermogen kan helpen om je verbeelding waar te maken. Het ligt voor iedereen binnen handbereik.

De mens heeft de kracht om het creatieve proces van de natuur te sturen met verbeeldingskracht. We kunnen creëren met behulp van onze gedachten.

Je hoeft me niet te geloven. Zelf heb ik ervaren dat het werkt, dat is mijn krachtigste bewijs. Om het voor jezelf te ervaren hoef je het enkel toe te passen in je eigen leven.

Je wordt rijk door dingen op een bepaalde manier te doen. Daarvoor is het belangrijk om op een bepaalde manier te denken. De manier waarop je iets doet is het resultaat van de manier waarop je denkt. Je moet het vermogen krijgen om te denken zoals je wilt denken, voordat je kan handelen zoals je wilt handelen. Het begint bij je gedachten.

Het kost energie om je gedachten te sturen. Als je niet goed in je vel zit, ben je sneller afgeleid door de waan van de dag. Vooral in (financieel) zware tijden is het lastig om overvloed te zien. Het is dan makkelijk om je gedachten door je perceptie te laten bepalen. Je richt je aandacht op het idee dat je arm bent en dat er te weinig is. Dat zegt iets over je conditionering en je zienswijze. Om in harmonie met de waarheid te denken, ongeacht de schijn, is zwaar. Het vraagt je om open te staan en niet te oordelen.

Wees je bewust van waar je jezelf mee inlaat. Een verschijning in de zichtbare wereld heeft de neiging eenzelfde vorm te produceren in je geest. En andersom, elke verschijning in je gedachtewereld heeft de neiging zichzelf te uiten in de zichtbare wereld. Laat je niet leiden door de waan van de dag. Houd de zuivere waarheid voor ogen, door je gedachten te richten op overvloed.

Door te kijken naar tekort en gebrek ontstaat er een soortgelijke vorm in je eigen gedachten. Door te kijken naar de verschijning van ziekte ontstaat een vorm van ziekte in je eigen geest. Dit kan uiteindelijk doorwerken in je lichaam. Door te denken aan armoede ontstaat een vorm van tekort in je mind. Dit werkt door in je portemonnee. Houd de waarheid in gedachte. Iets waar je veelvuldig aan denkt, groeit. En wanneer iemand overheersend negatieve en zorgelijke gedachten heeft en die gedachten ook nog eens richt op een mogelijk ziektebeeld, dan zal die gedachte zich in het leven van die persoon kunnen uiten. Het is niet eenvoudig om overvloed te zien als je omgeven bent door armoede. Maar áls je de kracht vindt om dat wel te doen, zal je een meester worden in levenskunst. Dan kan je het noodlot verslaan en krijgen wat je wilt, zijn wie je wilt en leven hoe je wilt.

Blijf jezelf eraan herinneren dat je een kracht in je hebt die groter is dan elke voorwaarde of omstandigheid die je tegenkomt. En vergeet nooit hoe krachtig en werkelijk prachtig je bent.

‘ALS JE ERIN GELOOFT ZIE JE KANSEN. DOE JE DAT NIET, DAN ZIE JE OBSTAKELS.’

- WAYNE W. DYER

HOOFDSTUK 6

LEEF IN VOLWAARDIGHEID EN BALANS

De meeste mensen denken nog steeds dat echte rijkdom niet voor hen is weggelegd. Maar waar komt die overtuiging vandaan? Want vanuit de natuur is elk levend wezen op zoek naar groei. De natuur verlangt naar meer voor alles en iedereen. Ze verlangt verrijking van het leven, ook van het jouwe.

Denk weer eens aan een zaadje dat in de tuin wordt geplant. Het ontkiemt en er treden allerlei processen in werking. Het groeit en bloeit en draagt uiteindelijk veel meer zaden. Het leven in het zaadje vermenigvuldigt zich door te leven. Dit is noodzakelijk voor het voortbestaan.

Iedereen wordt bewogen door dezelfde impuls van het leven die zaden doet ontkiemen en bomen doet groeien. Elke gedachte maakt dat je verder denkt en dat je bewustzijn groeit. Elk feit dat je leert brengt je bij weer een ander feit, je kennis neemt toe. De ontwikkeling van je talent biedt nieuwe mogelijkheden.

De kracht van jouw verlangen is dezelfde kracht die ook zaden doet ontkiemen en bomen doet groeien. Het is het leven zelf, op zoek naar rijkere expressie.

Het universum wil dat jij alles hebt wat je verlangt. 'Als je iets echt wil hebben zal het universum samenspannen om het je te geven', schrijft Paulo Coelho in *De Alchemist*. De natuur is je beste en trouwste vriend. Ze ondersteunt jouw plannen voor het verrijken van het leven. Alles werkt voor jou. Besluit dat dit zo is.

Zorg ervoor dat je plannen in harmonie zijn met het doel van het leven zelf. Meer leven voor al wat leeft. Ga voor een volwaardig leven, niet alleen voor genot of sensatie. Houd de verschillende motieven van het leven, lichamelijk, mentaal en spiritueel, zo goed mogelijk in balans.

Probeer niet rijk te worden zodat je onbezonnen kan leven voor lichamelijke bevrediging en genot. Dat is niet wat leven is. Het gaat om een gezonde dosering.

Probeer ook niet rijk te worden voor mentaal genot alleen, om kennis te verkrijgen, om aan je ambitie te voldoen, om beter te presteren dan anderen of om bekend te zijn. Als je leeft voor status of de bevrediging van je intellect, leef je beperkt.

Word ook niet alleen rijk om anderen te helpen. Verlies jezelf niet in het redden van je medemens. Het geluk van de ziel is niet nobeler dan de andere twee motieven.

Word rijk zodat je kan eten en drinken, jezelf kan omringen met mooie dingen en verre landen mag zien. Leef in overvloed zodat je je geest verder kan ontwikkelen. Word rijk zodat je kan liefhebben en goede daden kan verrichten. Zodat je gelukkig kan zijn en iets waardevols kan bijdragen en de wereld kan helpen in haar zoektocht naar waarheid.

Weet dat extreme onzelfzuchtigheid niet beter is dan extreme zelfzuchtigheid. Beide zijn valkuilen. Vergeet het idee dat je jezelf moet opofferen voor anderen. Niemand verlangt dat van je. Maak het beste van jezelf – dat is het beste voor jezelf én de ander. Er is geen betere manier om anderen te helpen dan de beste versie van jezelf te zijn.

Onthoud dat het verlangen van de natuur voor iedereen geldt. Het verlangt naar meer leven voor jou, maar ook voor de ander. In alles en iedereen zoekt het naar overvloed. Het keert zich niet tegen de groei van het leven, het zal een ander niet benadelen in jouw voordeel. De creatieve energie zal nieuwe dingen voor je maken. Denk niet dat je tekortkomt, zie het niet als een wedstrijd. Het zal niet iets bij een ander wegkapen en dat aan jou geven.

Je bent hier om te creëren, niet om te strijden over wat al is gemaakt. Je hoeft niets van een ander af te nemen. Je hoeft niet vals te spelen of misbruik te maken van de situatie. En je hoeft niemand voor je te laten werken voor een loon dat lager is dan hem toekomt. Jaloezie is onnodig. Je hoeft het bezit van anderen niet te begeren. Niemand heeft iets wat jij niet kan krijgen. Je bent een schepper, geen rivaal. Je zal krijgen wat je verlangt. En dat gebeurt op een manier die in harmonie is met het verlangen van het leven zelf. Er zal meer zijn voor iedereen.

Er zijn mensen die geld verdienen door het anders te doen. Sommige mensen worden rijk dankzij hun buitengewone vaardigheden ten opzichte van hun concurrentie. Soms komen ze hierbij onbewust in harmonie met de bronenergie en haar grote doelen en bewegingen voor verbetering. Denk aan de bijdragen aan de industrialisatie in de voorgaande eeuwen. Rockefeller, Carnegie, J.P. Morgan en anderen zijn bewust of onbewust uitvoerders geweest van de Hogere Macht. Ze hebben een belangrijke rol gespeeld in de organisatie van de industrie. Hun werk heeft gigantisch bijgedragen aan de groei voor iedereen. Korter geleden hebben mensen als Mark Zuckerberg, Jeff Bezos en Elon Musk hetzelfde gedaan. Dankzij hun creatieve bijdragen is ons dagelijks leven veranderd.

Wees je ervan bewust dat competitief verkregen rijkdom geen permanente voldoening geeft. Vandaag is het van jou, morgen is het van de ander. Onthoud dat je het gedachtegoed van rivaliteit moet overstijgen als je op een zekere manier rijk wilt worden. Denk nooit dat de aanvoer beperkt is. Denk ook niet dat anderen jouw toegang tot een leven in overvloed blokkeren. Als je zo denkt verval je in een competitieve mindset. Je creatieve vermogen neemt dan af. Sterker nog, je werkt de creatieve beweging tegen die je al in gang had gezet.

Weet dat er vele waardevolle grondstoffen verborgen zijn in de aarde. De intelligente substantie voorziet in al je behoeften. Het geld dat je nodig hebt zal beschikbaar zijn. Let niet op de zichtbare voorraad, maar kijk altijd naar de onbegrensde rijkdom in De Bron. Weet dat het naar jou toe komt, zo snel als je het kan ontvangen en gebruiken. Niemand staat je in de weg bij het verkrijgen van wat je toekomt.

Denk niet dat de beste bouwplaatsen bezet zullen zijn als jij je huis wilt bouwen. Maak je geen zorgen dat grootmachten binnenkort de hele wereld bezitten. Wees niet bang dat je verliest wat je verlangt omdat iemand anders je te snel af is. Dit zal niet gebeuren, je bent niet op zoek naar iets wat een ander bezit. Je manifesteert je verlangen uit De Bron. Het aanbod is oneindig.

‘ONS GROOTSTE VERLANGEN INSPIREERT ONS OM ERUIT TE HALEN WAT ERIN ZIT – OM TE WORDEN WIE WE WETEN TE KUNNEN ZIJN.’

- RALPH WALDO EMERSON

HOOFDSTUK 7

WAARDE TOEVOEGEN

Vergoot je unieke toevoegde waarde en het leven zal je belonen. Het principe van toegevoegde waarde leg ik altijd uit met het volgende verhaal.

Zie het leven als een groot marktplein. Iedereen zoekt een eigen plekje op het plein, om handelswaar te verkopen of diensten aan te bieden. Sommige mensen hebben prachtige juwelen in hun kraampje, anderen verkopen verse groenten en fruit, een bakker biedt heerlijk brood aan, er zijn mensen die verhalen vertellen en lesgeven, mensen die muziek maken, doktoren, adviseurs, geldverstrekkers, schilders, en vele anderen die gebruikswaar aanbieden. Sommige kraampjes zijn groot, anderen zijn klein. Rondom enkele kraampjes staan vele mensen in een rij, voor andere kraampjes blijft het leeg. Daar is een reden voor.

Wat bied jij aan in je kraampje? Wat heb jij te bieden om iets toe te voegen aan het leven van een ander?

Er is een manier om met al je handelingen waarde toe te voegen aan het leven voor alles en iedereen. Als je een product of dienst verkoopt hoef je niet gewiekst te zijn in je onderhandelingen. Probeer niet voortdurend het onderste uit de kan te halen. Haal geen sluwe trucjes uit om een ander op te lichten. Door aan iedereen méér te geven dan je ervoor terugvraagt, kan je met je transacties meerwaarde creëren. Hoe? De meerwaarde zit hem niet in het geld dat ermee is gemoeid. In geldwaarde kan je nooit meer geven dan je neemt. Als ik jou honderd euro geef en jij geeft mij twee briefjes van vijftig terug, dan is dat een zinloze transactie. Je kan wél meer geven in termen van *gebruikerswaarde*. Een voorbeeld. Het materiaal waarvan dit boek is gemaakt, is minder waard dan wat jij ervoor hebt betaald. Maar de inhoud van dit boek kan onbetaalbaar zijn, als deze inzichten je veel geld en geluk opleveren. Niemand heeft je dan iets misdaan door dit boek aan je te verkopen. Je hebt veel gebruikerswaarde gekregen in ruil voor een klein beetje geldwaarde.

Stel je voor dat ik een schilderij van een beroemde kunstenaar bezit. In ons kapitalistisch bestaan levert het doek misschien wel een miljoen op. Nu neem ik het schilderij mee naar de Noordpool en overtuig een Eskimo het te ruilen voor een aantal huiden. Mijn verkoopkunsten komen hierbij goed van pas. De huiden van de Eskimo zijn vijfhonderd euro waard. In dit geval heb ik hem dan verkeerd behandeld, omdat hij het 'waardevolle' schilderij niet kan gebruiken. Voor hem heeft het geen waarde, het voegt in praktische zin niets toe aan zijn leven.

Maar stel je nu voor dat ik hem een geweer van tweehonderd euro geef in ruil voor de huiden. Dit is goede handel voor ons allebei. Hij kan het geweer gebruiken om meer huiden te schieten en eten te verzamelen. Het voegt waarde toe aan zijn leven, dat maakt hem rijk. De transactie geeft waarde aan het geheel.

Probeer niet koste wat het kost rijk te worden. Als je de competitieve mindset verruilt voor de creatieve mindset, zal je zorgvuldiger omgaan met je zakelijke transacties. Je kan een transactie niet doen op het moment dat je iets verkoopt wat minder waarde toevoegt dan dat jij ervoor terugkrijgt. Je hoeft niemand te verslaan in het zakendoen. Zit je in zo'n soort competitieve branche, overweeg dan daaruit te stappen.

Geef iedereen altijd meer in gebruikerswaarde dan je neemt in geldwaarde. Op die manier voeg je iets toe aan het leven van de wereld met elke transactie die je maakt.

Je kan het principe ook toepassen als je ondernemer bent. In geld kan je jouw werknemers natuurlijk niet meer loon uitbetalen dan wat ze opleveren, dan gaat het bedrijf failliet. Wél kan je het bedrijf inrichten als een ladder waarop elke werknemer kan klimmen. Iedereen kan binnen het bedrijf groeien en rijk worden. Het is dan niet jouw schuld als een medewerker die groeikans niet benut.

Een bedrijf zal altijd waarde moeten toevoegen voor klanten, anders zullen er geen klanten komen. En wanneer de producten en de service veel duurder zijn dan de geleverde kwaliteit, zullen klanten ontevreden zijn en niet terugkomen, of komen klagen.

Als je handelingen iets toevoegen aan het leven van alles en iedereen, dan bouw je de collectieve rijkdom verder uit. Het gaat niet alleen om jou, maar om het grotere geheel.

Als je een plan hebt om het leven van anderen te verbeteren, is de natuur je trouwste vriend. Er is een kracht die door ons heen wil leven, die ons wil helpen om waarde toe te voegen aan het geheel. Niet alleen omdat het jou gelukkig maakt als mens, maar bovenal omdat het goed is voor al het leven.

Als je samenwerkt met het verlangen van het leven en waarde toevoegt, dan krijg je daarvoor een gepaste beloning, in geld. Doe je iets dat het leven van velen verrijkt, dan kan je daar rijk mee worden. Mensen staan dan voor je in de rij en geld lijkt haast geen rol te spelen. Wat je doet is bijzonder en uniek, je toegevoegde waarde is groot. Je leeft op een hoge frequentie en mag genieten van de vruchten van je passie en toewijding.

Het werkt ook andersom. Als je de kantjes er vanaf loopt en je je niet inzet voor een mooiere wereld, voeg je weinig waarde toe. Ook in dit geval krijg je wat je verdient. Je rekent lage prijzen en geeft kortingen, omdat je denkt dat het om geld draait. Maar niemand is tevreden met het de service en de kwaliteit die je levert. Klanten komen niet terug en jij plukt de zure vruchten van je eigen nalatigheid en gemakzucht.

Een succesvol artiest is rijk en beroemd omdat hij veel mensen blij maakt, omdat hij iets doet dat bijzonder is. Heel veel mensen zijn bereid te betalen voor een concert van hun favoriete artiest, omdat ze er veel gebruikerswaarde uithalen. Als dat niet zo was, dan zouden ze er ook niet voor betalen.

Hoe unieker je prestaties en resultaten, hoe hoger je waarde is. Artiesten en topsporters zijn goede voorbeelden. Ook hier geldt weer de wet van omgekeerde evenredigheid; als je iets doet wat vele anderen ook kunnen doen, zal de beloning lager zijn.

Ik vind dat je tijd, je kwaliteit en jouw unieke toegevoegde waarde uitgedrukt mogen worden in geld. Dit heeft niet te maken met hebzucht of inhaligheid. Geld is nu eenmaal het ruilmiddel dat wij in onze moderne kapitalistische wereld hanteren. En hoe unieker de prestatie die je levert, des te waardevoller is de beloning die je in ruil zult ontvangen.

Om te ontvangen zal je eerst moeten vragen. Wanneer je slechts een bescheiden vergoeding verlangt, zal je beloning ook bescheiden zijn. Veel mensen denken dat er niet genoeg is. Ze voegen waarde toe, maar zijn bang om hun toegevoegde waarde eerlijk in rekening te brengen. Dit heeft te maken met een gebrek aan eigenwaarde.

De geldwaarde die je jezelf toekent komt voort uit je eigenwaarde. Die eigenwaarde is het resultaat van je mindset en je verschillende gedragskenmerken, waaronder zelfvertrouwen, een positief zelfbeeld, innerlijke rust, volharding en charisma. Mensen met een hoge eigenwaarde zijn overtuigd van zichzelf en hun bijdrage aan de wereld. Mensen met een lage eigenwaarde kunnen ook waarde toevoegen, maar durven daar geen passende vergoeding voor te vragen.

Om meer te verdienen is het dus niet alleen zaak om meer toegevoegde waarde te leveren. Je zal ook je eigenwaarde moeten vergroten. Hoe? Je hebt de eerste stap gezet door dit boek te lezen. Je bent bezig met zelfontwikkeling. Door je ontvankelijk op te stellen, geestelijk te groeien en direct intensieve en blijvende actie te ondernemen, kun je een negatief zelfbeeld vervangen door een positief zelfbeeld. Op die manier word je een krachtige, positieve persoonlijkheid. Vervolgens moet je in actie komen, want alleen toegepaste kennis is van waarde.

‘DANKBAARHEID BRENGT HET GOEDE EN HET GELUK OP JE LEVENSPAD.’

- MICHAEL PILARCZYK

HOOFDSTUK 8

DANKBAARHEID

Dankbaarheid stelt je in staat om contact te maken met de Kosmische Intelligentie. Dankbaarheid is zelfs noodzakelijk om jezelf op harmonieuze wijze te verbinden met de Vormloze Intelligentie. Een eerste vereiste is natuurlijk dat je gelooft in een Hogere Macht, een Scheppende Energie, een Bron van Oneindige Intelligentie of hoe je het ook wilt noemen. Een geesteshouding van oprechte dankbaarheid stelt je energetisch in verbinding met de mystieke kracht van het universum. Dankbaarheid brengt het goede en het geluk op je levenspad. Hoe dat werkt? Dat heeft te maken met de kosmische wet van aantrekking en creatie.

Veel mensen brengen hun leven op orde, maar blijven arm en ongelukkig vanwege een gebrek. Ze zijn niet oprecht dankbaar. Ze geloven niet in het goede, ze zijn overtuigd van tekort. En als je hart is gevuld met bitterheid, is er geen ruimte voor dankbaarheid. Als je een geschenk van de Hogere Macht ontvangt en niet zuiver dankbaar bent, verlies je de verbinding met De Bron. Iemand die dankbaar is, leeft dichter bij De Bron en zal meer rijkdom en levensgeluk ontvangen. Hoe dankbaarder je geest is voor goede dingen, hoe meer en hoe sneller je ze ontvangt. De mentale houding van dankbaarheid brengt je dichter bij de bron van alle zegeningen.

Denk er eens goed over na. Dankbaarheid brengt je in harmonie met de creatieve energie in het universum. Neem er de tijd voor, voel het en je zal zien dat het waar is. Al het goede dat je hebt ontvangen is je toegekomen door gehoorzaamheid aan bepaalde kosmische wetten. Dankbaarheid brengt je geest in verbinding met de vibratie die dingen op je pad laat verschijnen. Dankbaarheid zorgt dat je leeft en denkt vanuit een creatieve mindset en niet vervalt in de competitieve mindset. Alleen dankbaarheid kan je helpen je te richten op het oneindige. Het voorkomt dat je gaat geloven dat de aanvoer van rijkdom beperkt is, een valse overtuiging die fataal is voor je dromen.

Wanneer je dankbaarheid krachtig en constant is, is de reactie van de vormloze substantie ook krachtig en constant. Zonder dankbaarheid kan je weinig kracht uitoefenen, omdat dankbaarheid je met De Bron verbindt. Blijf dicht bij het goddelijke, dan zal het goddelijke dicht bij jou blijven.

Door dankbaar te zijn voorkom je dat je ontevreden bent over hoe dingen nu zijn. Met die gedachte begeef je je op glad ijs. Richt je niet met ongenoegen op de huidige stand van zaken. Als je aandacht geeft aan het middelmatige, het armoedige, het vieze en het tekort, dan gaat je geest erin mee. Het brengt de mentale verbeelding over op het vormloze. Dit is de wet van aantrekking en creatie. Hierdoor komt het tekort naar jou toe en krijg je wat je juist níet wilt.

Als mens besta je uit intelligente substantie, of bronenergie. Die substantie neemt altijd de vorm aan van haar gedachten. De innerlijke, creatieve kracht maakt jou tot het beeld dat je aandacht geeft. Jezelf toestaan je gedachten te vullen met negatieve beelden, maakt dan dat je zienswijze negatief wordt en dat je je gaat omringen met negatieve dingen. Maar het kan ook anders. Dankbaarheid richt je geest voortdurend op het beste. Hierdoor wordt je dankbare geest zelf ook de beste. Maar je moet wel overtuigd zijn van die gedachten, je kan de oneindige intelligentie en je onderbewustzijn niet voor de gek houden.

Geloof in jezelf is het belangrijkste ingrediënt in de wetenschap van het rijk worden. Het is de vrucht van dankbaarheid. Iemand die dankbaar is verwacht namelijk goede dingen en deze verwachting wordt geloof. Elke uiting van dank doet het geloof groeien en versterken. Het is onmogelijk om lang een levend geloof te hebben zonder dankbaar te zijn. En zonder levend geloof kan je niet rijk worden met de creatieve methode die hier wordt beschreven.

Dankbaarheid brengt je niet alleen in verbinding met De Bron, maar versterkt ook je geloof. Het is daarom belangrijk om de gewoonte van dankbaarheid aan te leren. Wees dankbaar voor al het goede dat jouw kant op komt. Besef dat alles heeft bijgedragen aan jouw vooruitgang en neem dat mee in je dankbetuiging. Dankbaarheid brengt je in een harmonieuze relatie met het goede in alles. En het goede in alles zal naar jou toe bewegen.

Door innerlijke vrede, rust in jezelf, ga je de wereld om je heen anders waarnemen. Er zullen eerder gevoelens van dankbaarheid in je opkomen. Zeg vaker 'dank je wel', al is het in stilte. Wees dankbaar voor wat je hebt. Wees niet ongelukkig over wat je niet hebt. Dankbaarheid geeft een gevoel van verlichting en geluk. Je kunt je staat van bewustzijn en je energieniveau verhogen door dankbaarheid te tonen.

Wat denk je dat er met je gebeurt wanneer je elke dag positieve affirmaties voor jezelf opzegt, wanneer je elke dag visualiseert hoe je mooiste leven eruitziet en wanneer je elke dag je dankbaarheid uitspreekt?

Dankbaarheid kun je elke dag beoefenen. Neem 's avonds voordat je gaat slapen tien minuten tijd en rust voor jezelf. Sluit je ogen en adem een paar keer ontspannen diep in en uit. Voel wat er in je lichaam gebeurt. Vervolgens vraag je aan jezelf: waar ben ik dankbaar voor vandaag? Stel die vraag vanuit je hart. Waar ben ik vandaag dankbaar voor? Dankbaar voor deze mooie dag, dankbaar voor elke nieuwe kans, dankbaar voor het leven dat door mij heen stroomt, dankbaar voor de mensen die om mij geven, voor de prachtige natuur op deze aarde, voor de zon die elke dag voor ons opkomt en daar nooit iets voor terugvraagt. Mijn leven is gevuld met zegeningen en daarvoor ben ik dankbaar. Doe dit elke avond als je in bed ligt. Elke dag zijn er dingen om dankbaar voor te zijn. Als je met een positieve gedachte je dag afsluit, wordt je onderbewustzijn positief beïnvloed. Wanneer je dat elke dag doet, zul je ontdekken dat je met een prettig gevoel gaat slapen. Wees dankbaar en je zult je gelukkiger voelen.

Hieronder geef ik je voorbeelden die je kan gebruiken om je dankbaarheid te tonen en te voelen. Deze affirmaties kan je in stilte tegen jezelf zeggen.

Ik ben dankbaar voor deze dag.

Ik ben dankbaar voor wie ik ben.

Ik ben dankbaar voor het lichaam waarin in leef.

Ik ben dankbaar voor alle kansen die op mijn pad komen.

Ik ben dankbaar dat ik mijn mooiste leven mag leven.

Ik ben dankbaar voor mijn talenten.

Ik ben dankbaar voor de liefde in mijn leven.

Ik ben dankbaar voor het leven.

Ik ben dankbaar dat ik word geleid door hogere krachten.

Mijn leven is gevuld met zegeningen en ik ben dankbaar.

‘ONZE VERBEELDING IS DE WERKPLAATS WAARIN ALLE IDEEËN ONTSTAAN.

MET BEHULP VAN DE VERBEELDINGSKRACHT VAN JE GEEST KRIJGT JE VERLANGEN VORM EN DAADKRACHT.

ALLES WAT JE JE KAN INBEELDEN, KAN JE WAARMAKEN.’

- NAPOLEON HILL, THINK AND GROW RICH

HOOFDSTUK 9

DENKEN OP DE BEPAALDE MANIER

Een heldere visie is het begin van creatie. Vorm een helder beeld van wat je precies verlangt. Maak het duidelijk voordat je het doorgeeft.

Veel mensen vinden dit lastig. Ze slagen er niet in om iets uit te zenden naar de intelligente substantie, omdat ze zelf niet weten wat ze willen. Hun verlangen is vaag en wazig. Ze weten maar half wat ze willen doen, wat ze willen hebben en wie ze willen zijn. Het is niet voldoende om een algemeen verlangen naar rijkdom te hebben. Iedereéén heeft dat verlangen. De wens om verre reizen te maken, meer uit het leven te halen en prachtige dingen te zien, is ook niet voldoende. Ook dat verlangen heeft iedereen. Wat wil je echt?

Mensen hebben veelal vage wensen, dingen die ze leuk vinden of ooit op een dag zouden willen doen. Maar het ontbreekt aan een concreet verlangen. Als je te veel dingen leuk vindt, dan vind je niets leuk genoeg. Niets de moeite waard om er écht voor te gaan. Je durft geen keuze te maken. Het is een verzameling van vage verlangens, het willen van duizend dingen. Je denkt dat je van alles wilt en bent heilig gaan geloven in je eigen illusies. Maar wie houd je voor de gek?

Wees eerlijk en helder. Niet alleen naar buiten, maar ook naar jezelf. De kwaliteit van je communicatie bepaalt voor een groot gedeelte de kwaliteit van je leven en hoe je jezelf voelt. Het beïnvloedt wat je aantrekt en stuurt de kansen die op je levenspad verschijnen. De gedachten die je tot uiting brengt, de frequentie die je uitstraalt, de boodschap die je deelt. Het bepaalt wat jij creëert in het leven.

Stel je eens voor dat je een bericht stuurt naar een goede vriend. Je zou niet snel een verzameling letters sturen en hem de boodschap zelf laten uitvogelen. Ook zou je de woorden niet willekeurig uit een woordenboek plukken. Dat is niet zinnig. Om het doel te bereiken heb je een samenhangende boodschap nodig met een duidelijke betekenis.

Onthoud dit wanneer je jouw verlangen deelt met de intelligente substantie. Maak een samenhangend verhaal. Je kan niet rijk worden met vage wensen. Je kan de creatieve kracht niet in werking zetten met wazigheden. Bestudeer je verlangen goed. Ga het na in detail, zoals die man dat deed met zijn huis. Onderzoek wat het is dat je precies verlangt. Maak een helder beeld van hoe het eruit moet zien op het moment dat je het krijgt.

Zoals een zeiler de haven van bestemming in gedachten heeft terwijl hij vaart, zo moet je heel duidelijk voor je zien waar je heen gaat. Houd dat beeld voortdurend voor ogen, zoals de zeiler zijn kompas.

Je hebt voor je verbeelding geen concentratieoefeningen nodig. Ook hoef je geen tijd te maken voor gebed, affirmatie of momenten van stilte. Je hoeft geen mystieke stunts uit te voeren. Deze dingen kunnen werken, maar je hebt ze niet nodig. Het enige wat je nodig hebt is weten wat je écht wilt. Je moet dit zó vurig willen dat het constant in je gedachten aanwezig is.

Weet dat je geen oefeningen hoeft te doen om je te concentreren op iets wat je écht wilt. De dingen die je met moeite onder je aandacht moet brengen, zijn dingen waar je waarschijnlijk niet echt om geeft of die niet belangrijk genoeg voor je zijn. Het is geen oprecht en vurig verlangen. Je verlangen naar rijkdom moet sterk genoeg zijn om al je gedachten te vullen. Het moet zijn zoals het magnetische noorden dat de naald in een kompas vasthoudt. Wanneer dat niet zo is, is het nauwelijks de moeite waard om de instructies uit dit boek te volgen. Deze methode is bedoeld voor mensen met een sterk verlangen naar rijkdom en om hun mooiste leven te gaan leven. Dat verlangen moet sterk genoeg zijn om gemakzucht en luiheid te overwinnen.

Hoe scherper de visie en hoe meer je eraan denkt, hoe sterker je verlangen. Andersom geldt het ook: met een sterker verlangen is het makkelijker om je gedachten gericht te houden op het beeld van wat je wilt.

Een heldere visie is een belangrijke beginstap, maar er is meer dan dat. Als je enkel een helder beeld voor ogen hebt en niet handelt, dan ben je een dromer zonder daadkracht voor succes. Wees eerlijk tegenover jezelf. Blijven roepen over dingen die je van plan bent zonder resultaat te boeken, is zinloos. Wees duidelijk en schrijf op wat je wilt doen, welk resultaat je wilt behalen. Houd jezelf niet voor de gek en kom in actie. Daarvoor zijn na het verlangen zelfdiscipline en doorzettingsvermogen nodig.

Achter jouw heldere visie moet de *intentie* schuilen om het waar te maken. Je moet de bedoeling hebben om het tot uiting te brengen in de tastbare werkelijkheid. Deze bedoeling moet worden voortgestuwd door een rotsvast en onoverwinnelijk geloof dat het al van jou is. Het is ophanden. Het enige wat je hoeft te doen is ontvangen.

Leef in je verbeelding in het nieuwe huis totdat het zijn vorm aanneemt. Geniet in gedachten van je verdiende vrijheid. Zie de dingen die je verlangt alsof ze daadwerkelijk om je heen zijn. Zie ze in je bezit, maak er gebruik van. Gebruik ze in je verbeelding, zoals je zou doen als je ze al in bezit had. Maak de verbeelding kristalhelder en neem meteen de mentale houding van eigendom aan. Voel het alsof het al zo is. Alles in de visie is van jou, besluit dat het zo is. Je verbeeldingskracht geeft je het volle vertrouwen dat het ook daadwerkelijk jouw eigendom is. Houd dit beeld vast. Aarzel geen moment. Het is echt, geloof dat. Geloof het vanuit je hart.

Wees op elk moment even dankbaar, wanneer het in je gedachten is en wanneer je het echt ontvangt. Wanneer je het universum kan bedanken voor wat je in gedachten bezit, heb je zuiver geloof. Je zal rijk worden en manifesteren wat je verlangt.

Je hoeft niet herhaaldelijk te vragen om de dingen die je wilt hebben. Het is niet nodig om het dagelijks met het goddelijke te delen. Zolang je het maar vraagt vanuit een oprecht verlangen.

Aan jou de taak om je verlangen voor dingen die het leven groter en rijker maken intelligent en kristalhelder te formuleren. Organiseer het verlangen in een samenhangend geheel. Deel het met de vormloze substantie. Dit heeft de kracht en de wil om jou te brengen wat je verlangt. Je maakt geen indruk op de vormloze substantie door een rijtje holle woorden te herhalen. Wél door je visie helder te maken, er doelgericht naar te handelen en te geloven dat je het in bezit krijgt. Besluit dat je het zal ontvangen.

Visualisatie is vooral effectief wanneer je in een diepe innerlijke rust bent en verbinding kunt maken met je onderbewustzijn. Dan zullen de beelden zich helder aan je laten zien en dan zullen je gedachten ook op de juiste energiefrequentie gaan trillen. Vanuit gevoelens van angst en onzekerheid, onrust en ongeloof, zend je een onjuist signaal naar je onderbewustzijn en naar de Kosmische Intelligentie. Dit levert vaak resultaten op die je juist niet wenst, maar waar je op deze manier wel om vraagt. Zoek eerst de stilte op. Voor visualisatie heb je mentale en lichamelijke rust nodig. Dat kan door te beginnen met een meditatie. Je kunt je aandacht richten op één specifiek doel en dat zo levendig mogelijk maken. Je kunt er ook voor kiezen niet bewust een doel te visualiseren, je niets voor te stellen. Vanuit de stilte ga je dan mogelijk beelden zien en misschien voel je dat je signalen doorkrijgt. Je zal merken dat je vooral onbewust en een beetje bewust waarneemt. Verstoor de signalen niet door te gaan nadenken over wat er gebeurt; dan ontstaat er ruis op de frequentie van het signaal en daarmee wordt de energie verstoord. Zolang er onrustige gedachten door je hoofd flitsen, kun je niet afstemmen op de juiste frequentie. Dat afstemmen kun je niet zelf 'instellen'. Het gaat om het juiste energieniveau, de juiste vibratie die je uitzendt, altijd vanuit vertrouwen en liefde. Wanneer je beelden ziet of iets essentieels ervaart of waarneemt, weet je dat je in de juiste staat van zijn bent. Zodra je er bewust rationeel over gaat denken, verbreek je 'de betovering'. Maak het vooral niet te ingewikkeld in het begin. Niet nadenken, laat het gebeuren.

Zie jezelf al daar waar je wilt zijn als je het bereikt hebt, het eindpunt dus. Vanuit die eindbestemming is het veel makkelijker om een strategie te ontwikkelen, dan andersom. Begin met het einde voor ogen.

Werk van achter naar voren in het creëren van je bouwplan, je routekaart. En stel jezelf daarbij gerichte vragen die eraan bijdragen om tot die juiste strategie te komen. Als je een groot einddoel hebt, zul je waarschijnlijk kleinere tussendoelen moeten inbouwen. Door een handleiding met een stappenplan voor jezelf te schrijven, zal je ontdekken dat het proces en het bereiken van het doel overzichtelijker wordt als je het opdeelt in stukjes. Je kunt niet in één stap dertien treden nemen.

Het is ook belangrijk om een deadline te bepalen. Geef jezelf wel voldoende tijd, dat geeft rust en voorkomt stress, maar zeker niet te veel tijd. Kom direct in actie. Beter nu direct de eerste kleine stap maken dan wachten op een beter moment. Begin vandaag.

Als je jouw visie hebt geformuleerd, verschuift de taak in de richting van ontvangen. Het is goed om het uit te spreken naar de Hogere Macht zodra je het helder hebt gemaakt. Daarna moet je in gedachten ontvangen wat je hebt gevraagd. Leef in het nieuwe huis, draag die mooie kleren. Rijd in die auto, ga op reis en plan zelfverzekerd de volgende trip. Denk en spreek erover alsof het al zo is. Visualiseer een exact beeld van je verlangde omgeving en je financiële situatie en leef er vervolgens continu in. Let op dat je geen luchtkastelen bouwt zoals een dromer dat zou doen. Blijf eerlijk en voeg de daad bij het woord. Houd vast aan het geloof dat het denkbeeldige wordt gerealiseerd. Houd vast aan je daadkracht om het doel te verwezenlijken met je handelingen. Visie plant het zaadje. Actie leidt tot resultaat.

Het gaat om daden (denken, doen, geloven) en niet om woorden. Het antwoord op je 'gebed' verhoudt zich niet tot het geloof dat je hebt terwijl je spreekt maar tot het geloof dat afstraalt van je handelen.

Dus het werkt niet om alleen op bepaalde momenten ervoor te gaan zitten om je verlangen te delen met het universum en het vervolgens te vergeten. Je maakt geen indruk als je er soms, maar vaker niet, bij stilstaat. Gebed of meditatie kan helpen om je visie te verhelderen en je geloof te versterken. Maar het zijn niet je gesproken woorden die ervoor zorgen dat je krijgt wat je wilt. Om rijk te worden moet je onafgebroken stevig vasthouden aan je visie met het doel haar vaste vorm te geven en met de absolute overtuiging dat het nu al zo is.

Geloof en intentie in de verbeeldingskunst onderscheiden de wetenschapper van de dromer. De een combineert de verbeelding met de andere noodzakelijke ingrediënten. De ander doet dat niet.

'GELUK EN TOEVAL VERSCHIJNEN VAKER OP JE PAD ALS JE EXACT WEET WAT JE BESTEMMING IS.'

- MICHAEL PILARCZYK

HOOFDSTUK 10

WILSKRACHT

De wil om voor je dromen te gaan, is een teken van geloof in jezelf, de vonk van een vurig hartsverlangen. Wilskracht is de vrucht van een heilige overtuiging in je eigen kunnen.

Om rijk te worden hoef je die wil enkel op jezelf toe te passen. Je wil aan anderen opleggen is overbodig, zinloos en misplaatst. Het is niet goed om iemand te dwingen met mentale kracht. Als dwang met fysieke kracht iemand tot slaaf maakt, dan geldt dat ook voor dwang met mentale kracht. Als iets afnemen met fysieke kracht diefstal is, dan is iets afnemen met mentale kracht ook diefstal. In principe is er geen verschil.

Gebruik je wil ook niet om anderen iets te laten doen voor 'hun eigen bestwil'. Daar ga jij niet over. Niets vraagt je om kracht uit te oefenen op een andere persoon, op wat voor manier dan ook. Het is niet nodig. Pogingen om het wel te doen brengen je meestal verder af van je doel.

Probeer het universum niet te forceren om je te geven wat je verlangt. Dat is dom, zinloos en oneerbiedig. Je hoeft de Hogere Macht niet te dwingen om jou goede dingen te geven, net zomin als je jouw wilskracht hoeft te gebruiken om de zon op te laten komen. Je hoeft je wilskracht niet te gebruiken buiten jezelf.

Er is maar één manier waarop je de wil hoeft te gebruiken en dat is zelfdiscipline. Betrek het op jezelf. De intelligente substantie is je goedgezind, de natuur wil je geven wat je verlangt – nog liever dan jij het wilt ontvangen. Als je weet wat je precies wilt en hoe je moet denken en doen, dan kan je jouw wil gebruiken om het ook echt te doen. Gebruik je wil op een zinvolle manier, om jezelf op de juiste koers te houden. Benut je wilskracht om op de bepaalde manier te blijven handelen en denken. Om je mind op de juiste manier te laten werken.

Wanneer je met emotie visualiseert, wordt je verbeelding ontvangen door de vormloze substantie. Ze staat toe dat dit beeld wijd en breed wordt gedragen, misschien wel door het gehele universum. Met de verspreiding van de visie ontstaat een beweging in de richting van creatie. Alles beweegt om jou te brengen wat je verlangt. Wereldwijd worden mensen beïnvloed en gestuurd naar dingen die noodzakelijk zijn om jouw verlangen waar te maken. Onbewust werkt alles voor jou.

Hoe standvastiger je geloof en intentie, hoe sneller en makkelijker je krijgt wat je verlangt. Je zendt dan enkel positieve signalen naar de substantie, er is geen ruis op de lijn. Met een negatieve denkhouding werk je jezelf juist tegen. Twijfel, ongeloof en angst veroorzaken een beweging weg van jou, zoals geloof en vastberadenheid een beweging naar jou toe in gang zetten.

Veel mensen slagen niet, omdat ze niet begrijpen dat de wet van aantrekking en creatie ook andersom werkt. Als je aandacht geeft aan angst en twijfel zorg je voor een stroming weg van jou in het hele domein van de intelligente substantie. Een visie zonder geloof en daadkracht is als een zaadje op onvruchtbare bodem. Het komt niet tot bloei.

Een oprechte visie van overvloed wordt vertroebeld door aandacht te geven aan tegenstrijdige beelden. Het maakt niet uit of deze beelden van buitenaf komen of uit je eigen verbeelding. Spreek niet over je financiële problemen uit het verleden. Vergeet dat soort dingen. Vertel niemand over de mindere situatie van je ouders of de moeilijkheden van vroeger. Als je dit doet identificeer je jezelf met gebrek. Dit zorgt ervoor dat de dingen die je verlangt minder snel je kant op komen.

Laat het denkbeeld van tekort en alles wat daarmee te maken heeft achter je. Wat heb je eraan om je bezig te houden met negativiteit? Waarom narigheid bestuderen als dat haar juist in stand houdt? Waarom zou je er tijd aan besteden terwijl je met die tijd ook voor groei kan zorgen? Hoe verschrikkelijk de situatie ook mag zijn op sommige plekken in de wereld, je verspilt je tijd en vernietigt je eigen kansen door daar aandacht aan te geven. Wat je wél kan doen is hulp bieden. Daarvoor moet je je richten op het rijk en gezond worden van de wereld.

Geloof is het belangrijkste ingrediënt voor succes, rijkdom en geluk. Het geloof in jezelf is je grootste kracht. Bewaak daarom je gedachten en de zaadjes van je dromen. Je geloof wordt grotendeels bepaald door de dingen die je ziet en denkt. Stuur je aandacht doelbewust. Dit is waar je wil goed van pas komt, om zelf te besluiten waar je aandacht aan geeft.

Als je rijk wilt worden, bestudeer dan geen armoede. Al kan het zinvol zijn om te begrijpen waarom sommige mensen in overvloed kunnen leven en anderen altijd tekort hebben aan alles. Het is onmogelijk om vast te houden aan je droom als er beelden van tekort door je hoofd spoken. Iets ontstaat niet door aan het tegenovergestelde te denken. Gezondheid komt niet voort uit het bestuderen van ziekte en het denken aan ziekte. Eerlijkheid wordt niet bevorderd door een studie naar oneerlijkheid. Niemand is ooit rijk geworden door aan armoede en ellende te denken.

Spreek niet over tekort. Houd je er niet mee bezig. Richt je niet op wat je niet wilt, maar op wat je wél wilt.

Het is niet onverschillig als je besluit geen aandacht te geven aan ellende. Je laat anderen niet in de steek als je ervoor kiest om jezelf te beschermen tegen misère. Berichten van ellende zorgen er niet voor dat ellende verdwijnt. Je kan mensen helpen, niet door meer rijke mensen te laten denken aan armoede, maar door armen het beeld van overvloed en hoop in gedachten te geven. Begin bij jezelf. Word rijk. Dat is de beste manier om mensen te helpen. Je kan pas delen en geven als je zelf iets bezit. Dat geldt voor rijkdom, liefde en geluk.

Denk aan de rijkdom die de wereld krijgt, niet aan de ellende die ze achterlaat. Onthoud dat je de wereld alleen kan helpen door zelf te beschikken over voldoende (financiële) middelen, die je verkrijgt met de creatieve methode, niet met de competitieve mindset. Richt je volledig op overvloed en het goede. Als je denkt aan arme mensen of met hen in gesprek gaat, denk en spreek dan over hen als mensen die groeien en welvarend aan het worden zijn. Zie ze als mensen die je hiervoor mag feliciteren in plaats van medelijden met ze te hebben. Op die manier inspireer je mensen om op zoek te gaan naar een oplossing.

Mensen in nood hebben geen liefdadigheid nodig, maar inspiratie en inzicht. Liefdadigheid geeft hun brood. Ze houdt hen in leven in hun erbarmelijke staat of ze geeft tijdelijke verlichting. Inspiratie zorgt ervoor dat mensen de ellende voor altijd kunnen overstijgen. Als je écht wilt helpen moet je mensen laten zien dat ze een betere toekomst kunnen creëren. Help op die manier. Bewijs het door het zelf te doen. Armoede en tekort verdwijnen als de lessen uit dit boek in de praktijk worden gebracht. Als rijkdom wordt verworven met behulp van de creatieve methode, niet door rivaliteit.

Houd je ver van competitie en goddeloos geklauter over anderen. Dat is een ongenadige strijd. Als je verbinding maakt met de creatieve mind wordt dit een heel ander verhaal. Rijk worden met de creatieve methode biedt oneindige grootsheid, dienstbaarheid en zielsontwikkeling, voor jezelf én de ander.

Morele en spirituele voldoening is alleen weggelegd voor mensen die de competitieve overlevingsstrijd overstijgen. Alleen mensen die rijk worden met de creatieve mindset zijn vrij van de vernietigende invloeden van rivaliteit. Als je een gelukkige thuissituatie verlangt, onthoud dan dat liefde optimaal bloeit op plekken van positieve gedachten en vrijheid van corrupte invloeden. Die vinden we op plekken waar rijkdom wordt verkregen met creatieve gedachten.

Iemand die rijk wordt door concurrentie trapt de ladder achter zich weg. Hij houdt anderen tegen. Iemand die rijk wordt door creatie opent de weg voor duizenden anderen en inspireert hen om hem te volgen.

Gebruik je wilskracht om je gedachten van armoede en mislukking af te houden. Houd je gedachten met geloof en vastberadenheid gericht op overvloed en op het beeld van je verlangen. Richt je aandacht op overvloed. Houd alles wat je visie kan vervagen of vertroebelen buiten de deur. Leer de onderliggende waarheid in alle dingen te zien. Zie het grote leven dat schuilgaat achter de waan van de dag, het leven dat beweegt naar vollere expressie en meer compleet geluk. Geloof dat er in essentie geen tekort is. Er is overvloed.

Sommige mensen blijven arm, omdat ze niet weten dat er rijkdom voor hen beschikbaar is. Bewijs het tegendeel, breng het zelf in de praktijk en laat het zien. Dit is wat mensen inspireert om zelf te groeien. Anderen voelen wel dat er een uitweg is, maar blijven toch arm. Ze zijn te lusteloos of gemakzuchtig, of ze geloven niet in een beter bestaan. Ze doen niet de noodzakelijke moeite om vooruit te komen. Deze mensen kan je helpen door het verlangen naar rijkdom aan te wakkeren. Laat het geluk zien dat creatieve rijkdom met zich meebrengt.

Weer andere mensen zijn arm omdat ze verdwaald zijn geraakt in zweverige theorieën en niet meer weten welke kant ze op moeten. Mensen die vastzitten in vaagheid en besluiteloos zijn. Ze proberen een combinatie van oplossingen en falen in alles wat ze doen. Geef ook die mensen het goede voorbeeld, dat is het beste wat jij kan doen. Een beetje actie is meer waard dan een boel theorie.

Je kan je medemens op geen enkele manier beter dienen dan door op elk gebied alles uit je leven te halen met de creatieve methode. Dat is het beste voor iedereen.

Lees dit regelmatig terug en bewaak je geloof. Laat je gedachten niet vergiftigen. Klamp jezelf niet vast aan beperkende overtuigingen, bekrompen conditionering of tegenstrijdige denkbeelden. Doe je dat wel, dan ga je twijfelen en word je onzeker in je gedachten. En dat is het begin van mislukking.

Laat je denkwijze niet vervuilen door al het negatieve en gekleurde nieuws dat je ziet en hoort. Laat je niet te makkelijk beïnvloeden door al dat nieuws, door de sturende vinger van overheden en machthebbers. Je hoeft je niet volledig te vervreemden van de wereld, maar volg vooral de dingen die in harmonie zijn met jouw visie en je positieve denkwijze. Volg je hart en leef vanuit vertrouwen.

‘HET ZIJN NIET DE OMSTANDIGHEDEN DIE DE KWALITEIT VAN JE LEVEN BEPALEN, MAAR HOE JE OMGAAT MET DIE OMSTANDIGHEDEN.’

- EPICTETUS

HOOFDSTUK 11

HANDELEN OP DE BEPAALDE MANIER

Gedachten en visualisatie zetten de scheppende kracht in werking. Je trekt rijkdom aan door een helder beeld te vormen van wat je verlangt en dat met al je verbeeldingskracht te projecteren op de vormloze substantie. Dit zet de creatieve krachten in beweging via hun gebruikelijke wegen, maar nu specifiek gericht op jou. Probeer niet het proces te sturen of toezicht te houden, dat is niet aan jou. Visualiseer kristalhelder wat je wilt, houd vast aan het geloof en wees bovenal dankbaar dat je het zal ontvangen.

Denk niet dat een 'magische toverkracht' vervolgens alles voor je zal regelen. Dat is onzin. Het vertroebelt bovendien de helderheid van je denken. Alleen denken op de bepaalde manier is niet genoeg om rijkdom aan te trekken. Vergeet niet om ook in actie te komen. Dit is een zandbank waar veel dromers op vastlopen. Ze falen om hun gedachten op te volgen met actie. En zonder actie geen resultaat.

Het gaat om denken en handelen. Word een alchemist. Met je gedachten kan je het goud vanuit de aarde jouw kant op laten bewegen. Maar het zal zichzelf niet spontaan delven, raffineren en versmelten tot munten die je zak in rollen. Jij moet er iets voor doen. Wat niet betekent dat je dat zelf hoeft op te graven, want de Hogere Macht stuurt ook mensen aan. Ze zal iemand in beweging zetten om het goud voor je op te graven. Door de handelingen van anderen beweegt het goud jouw kant op.

Je gedachten zetten alles in beweging om je te brengen wat je verlangt. Het komt op je pad. Het is aan jou om je zaken op orde te hebben wanneer het komt, zodat je het ook in ontvangst kan nemen. Je krijgt het namelijk niet cadeau. Het is een ruil en je moet er iets voor teruggeven. Als het jou bereikt, zal het nog in handen van anderen zijn. Zij zullen er iets gelijkwaardigs voor vragen. En jij kan alleen maar krijgen wat van jou is door de ander te geven wat van hem is. Neem het niet aan uit liefdadigheid. Je mag het ook niet stelen. Geef iedereen meer in gebruikswaarde dan wat je ontvangt in geld. Leef met het principe van groei en meerwaarde.

Door op de bepaalde manier te handelen wordt dat wat je visualiseert daadwerkelijk zichtbaar voor je en kan je het aannemen wanneer het je bereikt.

Denk niet dat je bankrekening verandert in een ongelimiteerde creditcard waarmee je onophoudelijk geld kan uitgeven zonder zelf enige inspanning te leveren. Dit is een fundamenteel onderdeel van de wetenschap van het rijk worden: de combinatie van gedachten en actie, verbeeldingskracht en uitvoering. Er zijn veel mensen die bewust of onbewust de creatieve, scheppende krachten in werking zetten met een hardnekkig verlangen. Toch komt het goede niet aan op bestemming, omdat ze niet zijn voorbereid om het te ontvangen op het moment dat het komt. Door middel van je gedachten wordt wat je verlangt jouw richting op gestuurd, pas door gericht te handelen zul je het ontvangen.

Begin vandaag, het is overduidelijk dat je in actie moet komen. Begin met handelen en denken op de bepaalde manier die overvloed geeft. Begin nu. Je kan niet handelen in het verleden. Om in je verbeelding volstrekt helder te kunnen zijn, moet je niet in gedachten blijven hangen bij vroeger. Licht de ankers van het verleden.

Ook heeft het geen zin om in de toekomst te handelen, omdat die er niet is. Je creëert de toekomst vandaag, met de keuzes die je maakt. Elke actie die je neemt heeft gevolgen voor de toekomst. Je bent het resultaat van de keuzes die je maakt.

Het kan zijn dat je niet in de juiste (zakelijke) omgeving zit. Misschien heb je de verkeerde baan of ken je de juiste mensen niet. Wacht niet met in actie komen totdat je de juiste plek of baan wél gevonden hebt. Zorg dat die juiste omstandigheden ontstaan door te handelen. Als je vandaag begint, zet je het in beweging.

Besteed je tijd niet aan het plannen van vluchtroutes voor mogelijke toekomstige noodsituaties. Heb geloof en vertrouwen in je vermogen om elke omstandigheid aan te kunnen op het moment dat die zich voordoet.

Het werkt niet zo dat je het beeld dat je visualiseert als een creatieve impuls kan zenden naar De Bron en vervolgens kan gaan zitten wachten op het resultaat. Kom in beweging. Er is gerichte actie nodig. Nu. Er is geen ander moment dan het heden en er zal ook nooit een ander moment komen. Als je ooit wilt beginnen jezelf voor te bereiden om te ontvangen wat je verlangt, moet je dat in het nu doen, volledig in verbinding met dit moment.

Je kan niet handelen waar je niet bent. Je kan niet handelen waar je al bent geweest en je kan niet handelen waar je nog moet komen. Je kan alleen handelen op de plek waar je nu bent. Houd je niet bezig met het werk van gisteren. Sta niet te lang stil bij de gedachte of het wel of niet goed is gedaan. Doe wat je vandaag moet doen en doe dat zo goed mogelijk. Maak je geen zorgen over wat je morgen moet doen. Je kan je daar wel alvast goed op voorbereiden, maar er zal morgen genoeg tijd zijn.

Probeer niet via duistere of mystieke wijze mensen of dingen te beïnvloeden die buiten je bereik zijn. Verspil geen tijd aan dagdromen en het bouwen van luchtkastelen. Zie duidelijk voor je wat je wilt. Visualiseer je verlangen en houd met geloof en overtuiging doelgericht vast aan het beeld van jezelf in betere omstandigheden, maar handel in het nu. Handel vanuit je hart, vanuit je innerlijke kracht en je geest. En handel op de bepaalde manier die rijkdom en voorspoed aantrekt.

Wees niet ontmoedigd door je huidige situatie. Zie jezelf in de gewenste zakelijke omgeving en omstandigheden. Beeld je dat heel helder in, alsof het nu al zo is. Handel vastberaden en doelgericht met de absolute overtuiging dat je het einddoel al hebt behaald. Maar handel in het heden. Gebruik je huidige situatie om vooruit te komen. Gebruik je huidige omgeving om een betere te vinden. Jouw verbeelding, in combinatie met geloof en doelgerichte actie, zorgt ervoor dat de Hogere Macht al wat nodig is jouw kant op beweegt. En door op de bepaalde manier te handelen zul jij ervoor zorgen dat jij zelf in de richting beweegt van wat je nodig hebt. Er ontstaat een magnetische kracht met een wederzijdse aantrekking.

Visie en geloof zetten de creatieve kracht in gang. Daarmee beweegt al wat nodig is om je ideale werksituatie te creëren jouw kant op. Als je zelf in actie komt, gaan er krachten in werking om jouw gewenste resultaat te manifesteren. Dit kan snel gaan, maar er kan ook langere tijd voor nodig zijn. Wees geduldig en houd krachtig vast aan het beeld dat je voor ogen hebt. Twijfel en verlies van je geloof werken als een stoorzender en houden het beoogde doel van je af.

‘WIE LANGZAAM VOORUIT GAAT OP DE JUISTE WEG KAN VEEL VERDER KOMEN DAN IEMAND DIE ZICH HAAST EN VAN HET GOEDE PAD AFDWAALT.’

- RENÉ DESCARTES

HOOFDSTUK 12

EFFECTIEF HANDELEN

Als je geen plezier haalt uit je werk is de kans aanwezig dat je er maar half voor gaat. Je zit dan je tijd uit en loopt de kantjes ervan af. Met die houding kom je niet verder. Doorgroeien, binnen of buiten je beroep, is pas mogelijk als je méér doet dan er van je wordt gevraagd. Als je de verantwoordelijkheden van je positie verwaarloost, ben je daartoe niet in staat. Je blijft hangen, of zakt zelfs weg tot een passende, mindere positie. Zie het als krachttraining. Je wordt sterker door te trainen en meer van jezelf te vragen. Stilzitten en weinig beweging maken je zwak.

De wereld gaat vooruit doordat sommige mensen de keuze maken om meerwaarde te leveren. Als niemand zijn positie op een verantwoordelijke manier zou vervullen, raakt alles in verval. Mensen die in staat zijn een bijdrage te leveren aan de samenleving en dat niet doen, zijn overbodige ballast, een kostenpost die door anderen wordt betaald.

Mensen die geen verantwoordelijkheid nemen om een bijdrage te leveren aan de samenleving vertragen onze ontwikkeling, mensen met een lager bewustzijn die niet de intentie hebben zich in te zetten om naar een hoger bewustzijn te komen. Een samenleving kan niet groeien als een meerderheid niet volwaardig bijdraagt. Vooruitgang komt voort uit overvloed.

Een organisme dat meer leven in zich heeft dan het kan uiten ontwikkelt zich naar een hoger niveau. Dit is evolutie. Als er geen organismes waren geweest die meer in hun mars hadden, dan waren er geen nieuwe soorten ontstaan. De wet van groei en aanpassing geldt altijd en voor iedereen. Of je rijk wordt of niet hangt af van hoe je dit principe toepast op jezelf.

Een dag kan een succes zijn, of een mislukking. Het zijn de succesvolle dagen die je brengen wat je verlangt. Als elke dag een mislukking zou zijn, is het onmogelijk om rijk te worden. En als elke dag een succes zou zijn, is rijkdom een zekerheid. Als er vandaag iets moet gebeuren en je doet dat niet, kan je stellen dat je tekort bent geschoten. Je neemt geen verantwoordelijkheid en je straalt onverschilligheid uit. De gevolgen hiervan kunnen rampzaliger zijn dan je denkt.

Je kan het resultaat van een actie niet voorzien, zelfs niet van de meest onbeduidende. Je hebt geen idee hoe alle krachten werken die voor jou in beweging zijn gezet. Er kan veel afhangen van een eenvoudige actie die jij moet verrichten. Dit zou zomaar de handeling kunnen zijn die deuren opent naar grote kansen en mogelijkheden.

Verwaarloos je iets kleins, dan kan dat een enorme vertraging veroorzaken in het verkrijgen van wat je wilt. Doe daarom elke dag alles wat die dag gedaan kan worden. Dit betekent niet dat je als een dolle dwaas moet proberen zo veel mogelijk dingen zo snel mogelijk te doen. Wees geduldig en aandachtig. Probeer niet om wat bedoeld is voor morgen, vandaag al te doen. Het gaat niet om hoeveel je doet, maar om hoe je het doet, om de kwalitatieve impact van elke losse actie.

Een handeling op zichzelf is zinvol of niet. Ineffectieve handelingen leiden niet tot een wenselijk resultaat. Als je heel je leven alleen maar zinloze dingen doet ben je niet gelukkig. Bekijk het eens van de andere kant. Een effectieve handeling is een succes op zich. Als je leven volledig bestaat uit effectieve handelingen, is je leven grotendeels succesvol.

Als iets je niet lukt komt dat doordat je te veel dingen ineffectief doet en te weinig dingen effectief. Maar andersom, als je weinig ineffectieve dingen doet en voldoende effectieve, dan ga je vooruit. Voorspoed en succes zullen het gevolg zijn. Wanneer je in staat bent om al je handelingen zinvol te maken, is rijk worden een zekerheid.

Doe alles wat je doet met een volledig bewuste geest en gerichte aandacht. Om een handeling tot een succes te maken, moet je tijdens de uitvoering je doel voor ogen houden en dat beeld in je gedachten versterken met een krachtig geloof. Op die manier laat je de kosmische kracht voor je werken. Die onzichtbare kracht heeft nog nooit gefaald. Ze staat altijd tot de beschikking van mensen die erop uit gaan om hun dromen waar te maken. Om elke handeling effectief te maken hoef je alleen maar gebruik te maken van die meewerkende kracht.

Veel mensen stranden op deze zandbank. Ze scheiden de mentale kracht van hun dagelijkse activiteiten en zijn niet aandachtig voor hun werk. Ze gebruiken de kracht van hun geest op een bepaalde tijd en plek, maar ze handelen op een ander moment. Het is goed om groot te dromen, maar wees ook eerlijk en (extreem) realistisch over je huidige situatie. Als je dat niet bent, zijn je acties van vandaag niet succesvol, te veel ervan zijn niet effectief. Maar het kan anders. Als je alle kracht in en om je heen betrekt bij elke handeling, zal elke handeling op zichzelf een succes zijn, ongeacht de situatie. Elk succes opent de deur naar een volgend succes. Besef dat succesvolle acties elkaar versterken. Iemand die beweegt in de richting van een omvangrijker bestaan, verbindt meer positieve krachten aan zich en daarmee wordt de invloed van zijn verlangen vergroot. Je creëert momentum en komt in een stroomversnelling terecht. Hierdoor zul jij soepeler en sterker worden 'aangetrokken' naar wat je verlangt. Hetzelfde geldt voor de magnetische aantrekkingskracht van wat je verlangt richting jou.

Doe elke dag alles wat je die dag kan doen en doe dat op een zinvolle manier. Houd tijdens je werk je visie voor ogen, hoe eenvoudig de handelingen ook zijn. Hiermee bedoel ik niet dat je in gedachten altijd bewust bij je verbeelding moet zijn. Laat het leven in je onderbewustzijn, zodat het van al je werkzaamheden afstraalt.

Neem zo nu en dan de tijd om te visualiseren. Doe dat vanuit rust en in een positieve staat van zijn, nooit vanuit boosheid, angst of irritatie. Zoek de rust, wees dankbaar. Maak je verbeelding levensecht. Zie de toekomstige realiteit voor je, alsof het nu al zo is. Pin het beeld vast in je geheugen. Doe deze visualisatie regelmatig. Door het beeld van je verlangen continu voor je te zien tot in zijn kleinste details, fixeer je het in je gedachten en in je onderbewustzijn. Daarmee zend je de vibratie van die gedachte naar de vormloze substantie.

Tijdens je werk hoef je alleen maar mentaal de koppeling te leggen met dat beeld. Dromen moedigen je aan om er vol overtuiging en vastberadenheid voor te gaan, om enthousiast te worden van alle mooie vooruitzichten. De grootste droom haalt de krachtigste energie in jezelf naar boven.

‘ONTDEK WAT JE GELUKKIG MAAKT EN RICHT DAAR AL JE AANDACHT OP. HET IS DE SLEUTEL TOT EEN LEVEN IN VOORSPOED.’

- ESTHER HICKS

HOOFDSTUK 13

VIND JE PLEK

Of je succesvol bent in je beroep wordt voor een deel bepaald door relevante eigenschappen. Je wordt geen succesvol muziekleraar zonder een goed ontwikkeld muzikaal vermogen. Je wordt niet snel succesvol in een technisch beroep zonder technische vakbekwaamheid. Zonder gevoel voor zakendoen kan je geen succes hebben in de zakenwereld. Maar als je die relevante eigenschappen wél hebt, dan is dat nog geen garantie voor succes. Er zijn getalenteerde muzikanten die toch arm blijven. Er zijn vakbekwame smeden en timmermannen die niet rijk worden. Er zijn slimme handelaren die toch falen.

Zie de eigenschappen als gereedschappen. Het is belangrijk om goed gereedschap te hebben, maar het is nog belangrijker om het op de juiste manier te gebruiken. De ene man kan met een zaag, meethoek en schaaf een mooi meubel maken. De ander levert met dezelfde gereedschappen prutswerk.

Weet dat je roeping niet wordt bepaald door de talenten en eigenschappen waarmee je bent geboren. Je kan succesvol zijn in elke baan. Als je niet het juiste talent hebt, kan je dat ontwikkelen. Je zal dit gaandeweg moeten doen, je maakt dan geen gebruik van wat je al had. Het zal makkelijker zijn in een beroep waarvoor je de eigenschappen al hebt, maar je kan in elk beroep slagen, omdat je elk elementair talent kan ontwikkelen. Er is geen talent waarvan je niet al een heel klein beetje hebt.

Je wordt het makkelijkst rijk door iets te doen dat past bij je talenten. Maar je wordt op de meest voldane manier rijk door te doen wat je echt wilt.

Leven is het volgen van je hartsverlangen. Je haalt geen plezier uit je baan als je gedwongen bent iets te doen wat je niet leuk vindt, of als je niet kan doen wat je eigenlijk zou willen doen.

Dat je het vermogen hebt om plezier te halen uit je werk is een zekerheid. Je verlangen bewijst dat je de kracht ervoor hebt. Verlangen is de manifestatie van een kosmische kracht. Het verlangen om muziek te maken is een kracht op zoek naar uiting en ontwikkeling. Als er geen kracht is om iets te doen, dan is er ook geen verlangen naar. Verlangen is de stille getuige van de kosmische kracht. Die zou er niet zijn als er geen kans was om tot uiting te komen, door jou heen. Een sterk verlangen duidt op een sterke kracht. Het hoeft alleen nog maar op de juiste manier te worden ontwikkeld en toegepast.

Meestal kan je het best een beroep kiezen op basis van je meest ontwikkelde eigenschappen of talenten, omdat je daarmee het meeste waarde toevoegt. Maar misschien doen je liever iets anders, dat kan. Als je een sterk verlangen hebt om een bepaald beroep uit te oefenen, dan kan je dat beroep kiezen als het ultieme doel. Doen wat je leuk vindt is een sterke, drijvende kracht. Besef dat je kan doen wat je wilt. Het is jouw recht en privilege om een beroep te kiezen waarvan je het gelukkigst wordt.

Niemand verplicht je om iets te doen wat je niet leuk vindt. Doe het dan ook niet, tenzij het een station is op weg naar je droomberoep. Mogelijk ben je in een ongewenste situatie of omgeving beland. Misschien heb je een vervelende baan. Het kan zijn dat je nog een tijdje werk moet doen dat je niet leuk vindt. Maar je kan het wel leuker maken, omdat je weet dat het je gaat brengen bij de baan die je verlangt.

Probeer niet gehaast een ander beroep te krijgen als je het gevoel hebt op de verkeerde plek te zitten. Meestal is de beste manier om van beroep en omgeving te veranderen door zelf te groeien en meer dan je functie te vervullen. Wees niet bang voor een rigoureuze verandering als de kans zich voordoet en je na zorgvuldige overdenking voelt dat het de juiste is. Volg je hart. Maar handel nooit plotseling of onbezonnen als je twijfelt. Er is geen haast op het creatieve vlak, er is geen tekort aan kansen. Onthoud dat.

Wanneer je de competitieve denkhouding achter je laat, ontdek je dat je je niet hoeft te haasten. Dit inzicht maakt je rustig en zelfverzekerd. Niemand gaat je verslaan in doen wat jij verlangt. Er is genoeg voor iedereen. Als een plaats bezet is, dan komt er verderop een betere vrij op je weg. Sta even stil als je twijfelt. Ga terug naar de overdenking van je visie en versterk je geloof en vastberadenheid. Zoek je innerlijke stilte op en vraag om helderheid en inzicht. En wees op die momenten van twijfel en besluiteloosheid bovenal dankbaar.

Een moment doorbrengen in dankbare overdenking van je visie brengt je dicht bij De Bron. Hierdoor maak je geen fouten in je handelen. Er is iets dat alles weet. Iets dat zaadjes doet ontkiemen en bomen doet groeien. Iets dat je helpt om je dromen waar te maken. Wees dankbaar en vastberaden.

Geloof dat je vooruitgaat in het leven. Dit brengt jou dicht bij deze Alwetende Mind.

Fouten ontstaan door haast, angst en twijfel, of door het vergeten van het juiste motief: meer leven voor alles en minder leven voor niets. Kansen komen in groeiende mate op je pad als je weet wat je bestemming is en handelt op de bepaalde manier die in dit boek beschreven wordt. Wees doelgericht en standvastig in geloof. Wees dankbaar en blijf in verbinding met De Bron. Doe elke dag alles wat je kan doen op een zinvolle manier, maar doe het zonder haast, zorgen of angst. Ga zo snel als je kan, maar haast je nooit.

Je verandert in een rivaal op het moment dat je begint te haasten. Het zal je laten struikelen. Je verlaat dan het creatieve vlak en valt terug in de competitieve strijd. Je denkt dat je moet vechten voor jouw deel, bang dat er niet genoeg overblijft. Stop als je haast voelt opkomen. Op die momenten is stilstaan even nodig om tot inzicht te komen. Richt je aandacht op het mentale beeld van je verlangen. Wees dankbaar dat je het krijgt. Deze oefening in dankbaarheid zal nooit falen je geloof te versterken en je doelgerichtheid te vernieuwen.

‘ZIE HET LICHT IN ANDEREN, ALSOF ER NIETS ANDERS IS.’

- WAYNE W. DYER

HOOFDSTUK 14

DE FREQUENTIE VAN GROEI

We leven in een universum waarin alles groeit. Alles is altijd in beweging. Een boom groeit volgens natuurlijke wetten. Wanneer de groei stopt, sterft de boom af. Bij mensen is dat niet anders. Daarom zijn wij voornamelijk op zoek naar groei. De vormloze intelligentie verlangt rijkere expressie in alles en iedereen. Alles wat we doen is gebaseerd op het verlangen naar meer. Meer eten, meer kleren, een beter onderkomen, meer luxe. Mensen verlangen naar meer leven. Dat is niet altijd gedreven vanuit hebzucht, maar vanuit een natuurlijk verlangen naar ontwikkeling.

Alles wat leeft wordt voortgedreven door een vurig verlangen naar groei en vooruitgang. Als de groei van leven stopt, treden dood en verderf meteen in. Mensen weten dit, daarom zijn ze altijd op zoek naar meer.

Ons verlangen naar overvloed is natuurlijk. Het is eenvoudigweg het verlangen naar een volwaardiger leven, of je mooiste leven, zoals wij het noemen. Dit is het allerdiepste instinct van alles in de natuur en daarom voelen alle mensen zich aangetrokken tot degene die hun de middelen voor groei aanreikt, mensen die inspireren en kansen creëren.

Denken en handelen op de bepaalde manier brengen blijvende voortspoed. De vruchten die opbloeien uit je gedachten en acties deel je met de mensen in je omgeving. Je deelt in liefde en zegen en bent het creatieve middelpunt van waaruit alle groei van leven wordt gegeven aan iedereen. Je bent de bron van groei.

Deel het principe van groei met iedereen. Zorg dat de mensen met wie je omgaat het kunnen voelen. Zend de frequentie van groei uit met alles wat je doet. Geef het mee in elke handeling, zelfs in de allerkleinste. Zo geef je mensen de indruk dat je iedereen die met je omgaat ook tot groei aanzet. Zend de frequentie van groei ook uit naar de mensen die je ontmoet in sociale sferen.

Het 'uitzenden van deze frequentie' heeft te maken met de trilling waarop je leeft. En die trilling, of vibratie, komt voort uit het energieveld dat je bent. Dat energieveld ontstaat vanuit je bewustzijn en uit je geloof. Voed dit geloof voortdurend, verwerk het in al je handelingen. Laat alles wat je doet verzadigd zijn van deze gedachte. Doe alles met de heilige overtuiging dat je een groeiende persoonlijkheid bent, dat je meerwaarde toevoegt. Weet dat je groei geeft aan iedereen. Voel dat je rijk wordt op een manier die anderen rijk maakt en besef dat je van toegevoegde waarde bent voor de mensen om je heen.

Blijf dicht bij jezelf. Schep niet op over je successen. Spreek er niet onnodig over, want echt geloof is nooit opschepperig. Achter elke opschepper schuilt een stiekeme angsthaas en twijfelaar. Voel het geloof en laat het doorwerken in elke transactie. Laat elke handeling een stille getuige zijn van jouw groeiende rijkdom. *Je bent al rijk.* Je hebt geen woorden nodig om dit gevoel over te brengen op anderen, je straalt het uit. Mensen zullen het gevoel van groei ervaren als ze bij je in de buurt zijn en dit trekt hen tot je aan.

Laat anderen voelen dat omgaan met jou hun eigen groei bevordert. Geef hun meer gebruikswaarde dan de geldwaarde die je terugkrijgt. Maak dit met gepaste trots duidelijk en je zal altijd klanten hebben. Mensen gaan naar plekken van groei. Het universum zal mensen van wie je de namen nog niet kent jouw kant op sturen. Je zaken bloeien op, je zal versteld staan van de onverwachte voordelen die op je pad komen. Je zal steeds grotere dingen kunnen doen en grotere vooruitgang kunnen boeken. Verlies bij dit alles het beeld van je verlangen nooit uit het oog. Geloof erin en wees vastberaden.

Een waarschuwing. Pas op voor de sluipende verleiding om macht over andere mensen te zoeken. Er is niets plezieriger voor de competitieve mind dan macht. Deze mind vindt niets fijner dan zichzelf boven anderen te stellen. Het zelfzuchtige verlangen om te heersen was lange tijd de vloek van de wereld en is dat nog steeds. Tijdenlang hebben koningen, bevelhebbers en regeringsleiders gevochten en bloed vergoten om het uitbreiden van hun invloedssferen. Ze hebben zich totaal niet beziggehouden met een zoektocht naar meer leven. Hun blinde verlangen naar macht en aanzien heeft hun harten afgesloten voor vrede, verdraagzaamheid en liefdevol bewustzijn. Ze waren en zijn allen uit op macht door onderdrukking van de massa. Ze zijn de verbinding met De Bron verloren en zien zichzelf als heerser van de wereld.

Vandaag de dag is het hoofdmotief in de zakenwereld soms hetzelfde. Mensen verzamelen legers aan kapitaal en vernietigen de levens en harten van miljoenen anderen in de eeuwenoude, krankzinnige machtsstrijd. Commerciële koningen zijn net als politieke koningen geïnspireerd door machtslust.

Pas op voor de verleiding om autoriteit te zoeken, meester te worden genoemd en gezien te worden als iemand die boven andere mensen staat. Pas op voor de verleiding om indruk te maken door geld over de balk te smijten. Een geest die op zoek is naar heerschappij over anderen is een competitieve mind. Deze mind is niet creatief. Om heer en meester te worden over je omgeving en lot is het helemaal niet nodig om over anderen te regeren. Als je valt voor de wereldse strijd om aanzien en macht, leef je niet meer op een zuivere frequentie van groei. En wie niet groeit, sterft af.

‘WOORDEN ZIJN
DE SPIEGEL VAN DE ZIEL.’

- CINDY KOEMAN

HOOFDSTUK 15

LEVENSKUNST DOOR ZELFONTWIKKELING

De wetten uit dit boek gelden voor iedereen. Als je anderen groei en toegevoegde waarde biedt en als zij dit beseffen, komen ze naar je toe. Dat levert je een beloning op, in geld. Geef altijd meer dan je ervoor terugvraagt en handel altijd vanuit goedheid.

Dit boek biedt grote kansen voor mensen in de zorg. Een dokter die ervan overtuigd is dat hij een grote en succesvolle genezer is, en werkt en leeft vanuit dat geloof en erop gericht is om dat beeld te verwezenlijken, zal zo dicht bij de magie van De Bron komen dat hij fenomenale successen zal behalen. Patiënten zullen voor hem in de rij staan.

Op het vlak van spiritualiteit is er veel behoefte aan boodschappers die mensen levenskunst kunnen bijbrengen. Iemand die dit tot in de puntjes beheerst en dit deelt, heeft nooit gebrek aan volgelingen. Dit is waar alle mensen in onze wereld behoefte aan hebben. Het zorgt voor groei, ontwikkeling en vooruitgang. Mensen willen dit graag horen.

Er is behoefte aan verkondiging van de wetenschap van het rijk worden. We willen sprekers die ons niet alleen vertellen hoe we iets moeten doen, maar het ook zelf laten zien. Niet alleen de theorie uitleggen, maar zelf het levende bewijs zijn.

We hebben boodschappers nodig die financieel vermogend, vitaal, gezond, charismatisch en geliefd zijn. Zij moeten ons leren hoe wij ons meest ideale en mooiste leven kunnen realiseren. Als deze persoon zich aandient, heeft hij binnen de kortste keren een enorme loyale groep volgelingen.

Hetzelfde geldt voor een leraar die kinderen kan inspireren om te leven vanuit vertrouwen en geloof, die kinderen leert om doelgericht te werken aan hun persoonlijke ontwikkeling. Voor deze docent is er altijd werk. Elke leerkracht die beschikt over dit absolute geloof en deze vastberadenheid, kan dit doorgeven aan zijn leerlingen. Maar dat kan alleen als hij of zij die levensfilosofie zelf ook naleeft.

Wat geldt voor de leerkracht, de spreker en de dokter, geldt ook voor de advocaat, de makelaar, de verzekeraar, de ambachtsman, de winkelier, de schoonmaker, de student. Het geldt voor iedereen.

De combinatie van gedachtekracht met actie en handelen op de bepaalde manier faalt nooit. Het kan niet misgaan. Iedereen die de instructies volgt, wordt beloond met succes en overvloed. De wet van groei en aanpassing is een wiskundige zekerheid, net als de wet van de zwaartekracht. Rijk worden en leven in overvloed is het gevolg van het toepassen van een wetenschappelijke methode.

Werk je in loondienst, dan ontdek je dat dit ook voor jou waar is. Denk niet dat er geen kansen zijn om je financiële positie te verbeteren als je werkt in een (voor jouw gevoel) uitzichtloze situatie. Het leven is duur en je verdient te weinig. Die gedachte kan ontmoedigend zijn. Visualiseer dan je verlangen, zie dat beeld kristalhelder voor je en begin te handelen vanuit een absolute overtuiging en een zuivere intentie. Doe elke dag al het werk dat je kan doen, maar haast je niet. Doe je werk met zorg en aandacht, op een uitmuntende en effectieve manier. Gebruik de kracht van succes en de vastbeslotenheid om rijk te worden in alles wat je doet.

Doe het niet om op te vallen bij je baas, in de hoop dat hij je opmerkt en promotie geeft. Dat doet hij niet zomaar. Een werknemer die goed en tevreden functioneert is van grote waarde op zijn huidige positie. Doe het voor jezelf. Als je zeker weet dat je meer in je mars hebt dan je nu kan laten zien, dan zal dit geloof doorwerken in je acties en in je leefomgeving.

Doe je werk niet om anderen een plezier te doen en ook niet alleen voor het salaris. Doe het vooral voor je persoonlijke groei en ontwikkeling. Houd tijdens het werk vast aan dit geloof en gedraag je ook zo buiten werktijd. Straal deze absolute overtuiging en dit zelfvertrouwen uit naar iedereen: leidinggevenden, medewerkers, familie en vrienden. Zend die frequentie uit, zodat iedereen jouw verlangen, ambitie en gedrevenheid opmerkt en voelt. Je zal mensen aantrekken die je verder kunnen helpen. Geluk en toeval verschijnen vaker op je pad als je exact weet wat je bestemming is.

Weet dat er een kosmische kracht is die altijd kansen biedt aan mensen die zichzelf ontwikkelen en die gehoorzamen aan de wetten van het leven. Besef goed dat het universum niet anders kan dan jou helpen als je op de bepaalde manier handelt. Zij zal je dienen om zichzelf van dienst te zijn. Er is niets in je persoonlijke situatie of omgeving wat je tegenhoudt. Natuurlijk zijn er uitzonderingen, zoals (ernstige) ziekte, lichamelijke of geestelijke beperking of buitengewone situaties van overmacht. In die gevallen zijn er wellicht beperkingen, maar de wetten blijven hetzelfde. Het geldt voor iedereen.

Begin vandaag te denken en handelen op de bepaalde manier. Je geloof, overtuiging en vastberadenheid zorgen ervoor dat je snel kansen ziet om je huidige situatie te verbeteren. Die kansen kunnen snel komen. De Hogere Macht is alom aanwezig en zal kansen op je pad brengen. Wacht niet op de kans die precies is zoals jij had gehoopt. Pak een kans wanneer die je de mogelijkheid biedt om meer te zijn dan je nu bent. Grijp elke groeikans aan. Het zal de eerste stap zijn in de richting van volgende en grotere kansen.

Er is in dit universum geen gebrek aan kansen. Het universum is zo samengesteld dat alles wat nodig is aanwezig is en samenwerkt om je te helpen. Als je denkt en handelt op de bepaalde manier kan het niet anders dan dat het rijkdom, succes en overvloed oplevert.

‘DURF HET LEVEN VAN JE DROMEN TE LEVEN.’

- RALPH WALDO EMERSON

NAWOORD

Je hebt stof tot nadenken. Dat is ook de bedoeling van dit boek. Het is onze wens dat je de lessen uit dit boek toepast in je eigen leven, om een rijker bestaan te creëren, om je steeds verder te ontwikkelen en om uiteindelijk jouw mooiste leven te kunnen leven. De Bron staat tot jouw beschikking. Alles wat je nodig hebt voor het waarmaken van je dromen is aanwezig. De natuur zal je helpen, mensen zullen voor je klaarstaan. Maar dan moet jij wel de keuze maken. Niet morgen, niet over vijf jaar. De tijd is nu.

Het bewustzijn over je ware potentie komt met een verantwoordelijkheid. Je zou het een missie kunnen noemen. Geen ander dan jij is in staat om je verder te brengen. Geen mens of macht is verantwoordelijk voor jouw lot. Er kan van alles op je pad komen, het leven kent gelukkig vele verrassingen. Maar uiteindelijk ben jij degene die bepaalt wat het voor jou betekent, door middel van je denkwijze. Het zijn kansen of keiharde muren, afhankelijk van hoe je denkt. De verborgen tuin van gedachten kent maar één meester.

Als je niet tevreden bent met de resultaten die je boekt, is het waarschijnlijk bevrijdend om te zien dat je die eenvoudig kan aanpassen. Niet door je te richten op wat er misgaat, maar door je zaaigoed grondig te inspecteren. Wat voor zaadjes strooi jij uit over de gronden van je geest? Met wat voor gedachten laat jij jezelf eigenlijk in? Als je niet toelaat dat je huis een zwijnenstal wordt, waarom zou je dan wel onkruid toelaten in je mind?

De wet van aantrekking en creatie werkt altijd voor je, ongeacht je focus. Kies daarom altijd voor je dromen en niet voor half werk. Sta jezelf niet toe lager te mikken dan wat je hart je ingeeft. Laat je niet beïnvloeden door anderen, die overal een mening over hebben en vinden dat je 'normaal moet doen'. Wanneer je daarin meegaat, vergooi je je kansen en verspil je de zaadjes van je dromen. Je mikt op wat haalbaar is in de ogen van anderen en vergeet een simpele waarheid. Alles is mogelijk wanneer jij erin gelooft én niet opgeeft.

Veel mensen zullen sceptisch reageren op het idee dat je op een zekere manier rijkdom kan aantrekken. Ze hebben het idee dat welvaart, voorspoed en rijkdom beperkt beschikbaar zijn en geloven niet in een beter leven. Alsof welvaart iets is wat verdeeld wordt onder de rijken, waardoor er niets overblijft voor de rest. De aandacht van die mensen is gevestigd op tekort, ze denken vooral aan wat er níet is. Een idee dat zich op allerlei manieren zal uiten in hun leefwereld. Hierdoor raken ze steeds meer overtuigd van zichzelf. 'Zie je wel,' zeggen ze dan. Of: 'Dit overkomt mij altijd.' Een pessimistische geest die vastgeroest is in die beperkende overtuiging verwerpt gedachten die anders zijn. Het is het resultaat van een statische mindset. Het idee dat je zelf de stuurman bent van je leven, vindt in die mentale tuin geen vruchtbare bodem. Volgens die mensen zijn er talloze factoren waarop zij zelf geen invloed hebben, die bepalend zijn of iemand rijk zal worden of niet. Meestal zijn het excuses om zelf niet te hoeven kiezen. Het is makkelijker om te wijzen, dan om te accepteren dat je het zelf in de hand hebt. Wat kies jij? Durf je de verantwoordelijkheid in eigen hand te nemen?

Het is waar dat overheden en systemen het overgrote deel van de wereldbevolking arm houden, maar dat komt doordat veel mensen niet denken en handelen op de bepaalde manier die wordt beschreven in dit boek. Ik durf bijna te zeggen dat mensen zelf niet voldoende nadenken en zich te makkelijk laten misleiden door opgelegde informatie. Als de meerderheid van alle mensen wél zo zou leven, zou geen enkel systeem en geen enkele heersende macht hen kunnen tegenhouden.

Wanneer je het absolute geloof en vertrouwen hebt dat je rijk kan worden, kan niets je tegenhouden. Je kan leven in overvloed, door te denken en te handelen volgens de bepaalde manier. Dit kan altijd, onder wat voor regering dan ook. Als veel mensen dit doen, brengen ze een systeemverandering teweeg. En die verandering zal het pad vrijmaken voor anderen. Die verschuiving in het collectieve bewustzijn zal de wereld veranderen.

Het collectieve bewustzijn wordt gevoed door onze gedachten. Iedereen levert daaraan een bijdrage. Wanneer er onrust is in de wereld en je het gevoel hebt dat dingen een verkeerde kant op gaan, dan kan je daar altijd iets aan doen, door een andere richting te kiezen. Volg een andere gedachtestroom. Zoals een boom die vrucht draagt zal ook jij vrucht dragen en het begin maken van een nieuwe wereld. Misschien binnen je vriendenkring, je bedrijf of je gezin. Je kan altijd verandering brengen door zelf te veranderen. Wees datgene dat je wilt zien in de wereld om je heen.

Kies voor meerwaarde. Op plekken waar mensen rijk worden met competitie ontstaat ellende voor anderen. Het is vandaag de dag nog steeds gebruikelijk om vooruit te willen gaan ten koste van je medemens. Als je inziet hoe de voortgang van de wereld bepaald wordt door de voortgang van alle mensen, zie je ook in dat competitie zinloos is. Er wordt geen waarde toegevoegd aan het geheel. Feitelijk gebeurt er niets, behalve dat er leed en onrust ontstaat. Je werkt harder en harder en daardoor moeten anderen ook harder werken, om bij te blijven. Dit is geen leven in overvloed, maar krankzinnigheid. Om de chaos te overstijgen hoef je enkel verbinding te maken met De Bron van alle zegeningen en welvaart. Er is geen haast op dit vlak, geen onrust en geen jaloezie. Niemand kan jou verslaan in het leven van je mooiste leven. Er is niemand die jouw dromen waar kan maken, behalve jijzelf.

Plaatsen waar rijkdom wordt verkregen met de creatieve methode zijn plaatsen van liefde en groei. Er wordt meerwaarde gecreëerd en dus kan er iets gedeeld worden. Het is er aangenaam, rustig en sereen. Mensen die leven met liefdevolle gedachten en handelen op de bepaalde manier, delen de zegeningen met de mensen in hun omgeving. Ze banen de weg voor anderen en inspireren hen om hetzelfde te doen.

Onthoud dat je gedachten op het scheppende en creatieve niveau moeten blijven. Houd angst en twijfel buiten de deur. Zie de aanvoer van ideeën en kansen nooit als beperkt. Handel niet, of zo min mogelijk, op een competitieve manier. Val niet terug in oude, negatieve gedachtepatronen en conditioneringen. Als je vanuit een competitieve denkwijze leeft en handelt, verbreek je de verbinding met De Bron, de creatieve, scheppende kracht van het universum.

Richt je aandacht op het succesvol uitvoeren van het werk van vandaag. Breek je hoofd niet over hoe om te gaan met toekomstige struikelblokken en noodsituaties, tenzij die direct invloed hebben op je huidige situatie en je nu een koerswijziging moet maken om aanstaande obstakels te vermijden. Vul je gedachten niet met mogelijke negatieve scenario's die eventueel morgen kunnen opdoemen. Denk niet in problemen, want dan trekt je problemen aan. Denk aan overwinnen. Vanaf een afstand kan een obstakel gigantisch lijken, maar als je doorgaat op de bepaalde manier, zul je ze zien verdwijnen wanneer je dichterbij komt. En is er wel een probleem, dan is er op dat moment genoeg tijd om daarmee om te gaan. Uiteindelijk zal het een waardevolle les bevatten. Elke uitdaging heeft de oplossing voor de overwinning in zich. Wees dus niet bang voor mogelijke tegenslagen, paniek of vervelende omstandigheden.

Let in alles goed op je woorden, dat is heel belangrijk. Woorden komen voort uit gedachten en leiden tot je handelen. Communiceer duidelijk en positief, wees helder tegenover jezelf en de ander. Spreek nooit negatief of ontmoedigend over jezelf, je zaken of over anderen. Sta de mogelijkheid van falen niet toe, suggereer op geen enkele manier dat mislukking mogelijk is. Spreek ook niet over zware tijden of over onzekere zakelijke omstandigheden. Deel je twijfel niet met de hele wereld. Hoe meer aandacht je twijfel geeft, hoe meer bevestiging je creëert. Problemen en tegenslag spelen vooral in de hoofden van mensen die zich bezighouden met tekort en concurrentie. Wanneer je afstand houdt van die beperkende frequentie, geldt dit niet voor jou. Jij kan dan creëren wat je wilt, omdat je boven elke vorm van angst staat.

Je vindt je grootste kansen als anderen zware tijden hebben, zeker in het zakendoen. Als je goed bent voorbereid kan je onder alle omstandigheden groei realiseren en geld naar je toe trekken. Wees vindingrijk. Vooral wanneer de economie in een crisis terechtkomt verschijnen overal kansen. In het Chinees bestaat het woord crisis uit twee tekens. De ene betekent gevaar, de andere kans. Zorg dat je bent voorbereid om kansen te herkennen en te benutten.

Het leven, de tijd en de wereld zijn altijd in beweging. In miljoenen jaren is er veel veranderd. Dat kunnen we lezen in geschriften en zien in overblijfselen uit de oudheid. Het moment 'nu' verandert dus voortdurend. Binnen de jaren die wij aanwezig zijn in onze huidige vorm van bewustzijn, zien we al een enorme verandering in de wereld om ons heen. Internet heeft het leven radicaal veranderd. Smartphones hebben ons gedrag veranderd. Wat honderd jaar geleden bijna niet te bedenken was, is nu onze realiteit geworden. Zo ook zal de realiteit van onze nabije toekomst zich aandienen op een manier die wij ons nu nog niet of nauwelijks kunnen voorstellen. Verandering is niet alleen van nu. Hoe onze werkelijkheid zich zal vormgeven, is afhankelijk van het collectief bewustzijn. De manier waarop een meerderheid van de mensen op aarde denkt is de overheersende kracht die de toekomst zal bepalen. De toekomst is een keuze en de mensheid zal het leven krijgen waarvoor zij kiest. Het is daarom van levensbelang dat het bewustzijn van zoveel mogelijk mensen snel zal ontwaken. Het oude denken zal letterlijk moeten vergaan, om ruimte te maken voor het nieuwe denken. De generatie Nieuwetijdskinderen heeft als taak hieraan bij te dragen. De mensen van de Nieuwe Tijd beschikken al over een ontwaakt bewustzijn en ze voelen zich verbonden met de hele kosmos. Het is hun missie in dit leven om liefde te brengen en donker te transformeren in licht.

We leven in een bijzondere tijd waarin veel in beweging is. Het is in deze tijd eenvoudig om ten prooi te vallen aan misleidende informatie. Een tijd waarin bepaalde ideeën zich als een lopend vuur verspreiden en misvattingen snel ontstaan. Er zijn veel kansen, maar ook veel valkuilen. Niet eerder is het zo belangrijk geweest om je bewust te zijn van waarmee je jezelf inlaat. Om waakzaam te zijn over je gedachtewereld en de zaadjes van je dromen.

Zie de wereld als een levend organisme dat altijd in ontwikkeling is. Deze wereld en dit universum zijn altijd in beweging. Denk en spreek altijd in termen van groei. Doe je dat niet, dan bestaat de kans dat je je overtuiging verliest en het verval begint.

Sta jezelf niet toe om ontevreden te zijn. Wanneer je je aandacht richt op tekort trek je meer aan van wat je juist niet wilt. Wanneer je de keuze hebt voor onzekerheid of vrede, kies dan voor de vrede. Als je kan kiezen tussen haat of liefde, belicht dan het goede. Zie hoe de kleinste zaadjes kunnen opbloeien tot prachtige bloemen. Wanneer je kan kiezen tussen teleurstelling of dankbaarheid, wees dan dankbaar. Richt je aandacht op het goede dat je wil zien in de wereld.

Het kan zijn dat je verwacht op een bepaald moment iets te ontvangen, maar dat het niet gaat zoals je had gehoopt. Of niet zoals je had verwacht. Dit voelt misschien als een tegenslag, maar als je vasthoudt aan je geloof, zul je zien dat dat de waan van de dag is. Blijf de dingen op de bepaalde manier doen. Als je niet ontvangt wat je voor ogen hebt, ontvang je iets wat nog beter is. De tijdelijke tegenslag was slechts een voorbode van een groter succes.

Uitdagingen werken vaker wel dan niet in je voordeel. Maar dan moet je wél vasthouden aan je geloof en je bestemming. Leef vanuit dankbaarheid en doe elke dag wat je die dag kan doen, op een succesvolle manier. Als je het gevoel hebt dat je faalt, is dat vaak omdat je niet voldoende hebt gevraagd. Ga verder. Iets groters dan wat je zocht zal zeker op je afkomen. Onthoud dit goed. Word niet onzeker, je faalt namelijk niet omdat je te weinig talent zou hebben om je verlangen waar te maken. Je faalt pas als je opgeeft. Volg het kompas van je hartsverlangen, dan ontwikkel je het benodigde talent vanzelf. Heb geduld.

Bestudeer dit boek. Draag het bij je totdat je alle ideeën en wijsheden volledig begrijpt en ook weet toe te passen. Het zal je geloof en zelfvertrouwen aansterken. Laat je niet misleiden door pessimisten of mensen met een negatieve of destructieve mindset. Laat je niet van de wijs brengen door wat anderen zeggen. Vertrouw op je innerlijke kracht. Leef vanuit vertrouwen en vanuit liefde. Laat je leiden door wijsheid. Leef met het geloof dat alles wat je doet én denkt bijdraagt aan een groter en mooier leven. Weet dat je uniek bent. Ontdek je scheppend vermogen. Creëer het goede. Luister naar de stem van je hart en besteed je tijd aan het overdenken van jouw visie. Besteed je tijd aan dankbaarheid en aan het bestuderen van dit boek. Het bevat alles wat je moet weten om een rijk en voldaan leven te creëren. Je mooiste leven.

- Michael en Sjors

‘JE BENT JE EIGEN BEPERKING OMDAT JE NOOIT GROTER KAN WORDEN DAN JE GEDACHTEN.’

- NAPOLEON HILL

Andere boeken die wij aanbevelen:

- *Think and Grow Rich* - Napoleon Hill
- *Master Your Mindset* - Michael Pilarczyk
- *De Rijkste Man van Babylon* - George Clason

COLOFON

Je bent zoals je denkt

* Gebaseerd op de klassiekers *As A Man Thinketh* van James Allen en *The Science of Getting Rich* van Wallace D. Wattles. Aangevuld met eigen visie, uitleg en denkwijze.

Originele titel: **As A Man Thinketh**
Auteur: James Allen
Eerste publicatie: 1903

Originele titel: **The Science of Getting Rich**
Auteur: Wallace D. Wattles
Eerste publicatie: 1910

Nederlandse bewerking en vertaling

Eerste en tweede druk juli 2021
Derde druk augustus 2021
ISBN 978-90-79679-63-8

Vertaling en bewerking: Sjors Sommer en Michael Pilarczyk
Omslagontwerp: A10design
Typografie: Albertine Dijkema

Uitgever: Elise de Bres
Invictus Library is een imprint van Van Lindonk & De Bres

www.invictuspublishing.nl
www.michaelpilarczyk.nl
www.elisedebres.nl